7 étapes pour passer commande à l'univers

W0289564

Titre original : *Cosmic Ordering in 7 Easy Steps*
– How to make life work for you

© Carolyn Boyes 2006, pour le texte
© Harper Collins 2006, pour l'édition originale

Traduit de l'anglais par Julie Duran

© Éditions Exergue 2008, pour la version française

ISBN : 978-2-911525-77-3

www.editions-tredaniel.com
info@guytredaniel.fr

Carolyn Boyes

7 étapes pour passer commande à l'univers

Un petit guide étonnant pour réaliser vos souhaits et améliorer ainsi tous les aspects de votre vie

Éditions Exergue
29, rue de Condé
75006 Paris

Sommaire

La grenouille dans le puits

IL ÉTAIT UNE FOIS une grenouille qui vivait dans un puits au fond de l'océan. La grenouille avait de quoi se divertir, des cailloux, des morceaux de divers objets échoués là, et elle était très satisfaite de sa magnifique demeure.

Un jour, une tortue géante passa au-dessus du puits. Elle jeta un regard au fond du puits et salua la grenouille. Celle-ci l'invita à descendre dans le puits pour visiter sa merveilleuse demeure, mais le corps de la tortue était si grand que seule sa tête passait dans l'ouverture.

« Parlez-moi donc de la mer, dit la grenouille. Est-elle aussi grande que mon logis ?

– Quelle question ! répondit la tortue. Je ne rentre même pas dans votre puits ! Comment comparer les deux, un puits minuscule et l'immensité de l'océan ? »

La grenouille n'en croyait pas ses oreilles. « Comment votre océan pourrait-il être en quoi que ce soit aussi magnifique que mon puits ? »

CONTE CHINOIS TRADITIONNEL

Introduction

« On est ce à quoi l'on pense. »
PROVERBE

QUE DÉSIREZ-VOUS changer dans votre vie ? Combien de vos rêves et de vos espoirs ne se sont pas réalisés ? Peut-être par le passé avez-vous demandé ce que vous désiriez, et peut-être avez-vous été déçu. Peut-être avez-vous connu un certain succès, et peut-être en désirez-vous davantage. Ou peut-être avez-vous le sentiment que quelque chose manque dans votre vie, et vous voudriez mieux le définir.

Vous avez certainement déjà une idée, ou même plusieurs, de ce que vous voudriez attirer dans votre vie. Peut-être désirez-vous plus de quelque chose dans un domaine seulement : plus d'argent, plus de temps libre ? Peut-être désirez-vous quelque chose de nouveau, une relation amoureuse, un nouvel emploi. Et il y a des choses dont vous voulez moins : moins de stress, moins de malheur, moins de peur, moins de maladie.

Vous me direz sûrement : « Oui, certes, mais je n'ai pas le choix. » Alors peut-être êtes-vous comme la grenouille dans son puits : vous ignorez qu'un océan de possibilités vous attend. L'univers est plein d'opportunités : vous n'avez pas besoin de savoir comment les *trouver*, il s'agit juste de les *accepter*.

Imaginez, un instant seulement, qu'il vous est réellement possible d'obtenir tout ce que vous désirez, tout ce que vous voulez avoir, être ou faire dans votre vie, aujourd'hui. Mais comment ? En passant une commande cosmique.

Passer une commande cosmique est simple. Si vous demandez ce que vous désirez et que vous êtes sûr de l'obtenir, l'univers vous exaucera. La bonne nouvelle est que ça marche, vraiment.

Mais alors pourquoi n'avez-vous pas déjà obtenu tout ce que vous voulez dans votre vie, là, maintenant ? Eh bien, comme pour toutes les choses simples, elles ne sont simples qu'une fois qu'on a compris un certain nombre de principes.

Lorsque vous passez commande auprès de l'univers, il est sûr et certain que ce que vous désirez est disponible dans l'entrepôt cosmique, et que l'univers vous le livrera. Cependant, et c'est là que réside la difficulté, comme je l'ai appris à travers des années de recherche et d'étude, votre commande ne sera honorée que si vous suivez la formule magique.

Nous rendons souvent les choses plus compliquées qu'elles ne le sont. Ce livre vous permettra de découvrir comment créer à nouveau la simplicité.

Voici comment la commande cosmique peut améliorer votre vie dès aujourd'hui :

✔ Vous pouvez cesser d'attirer les évènements, les gens et les circonstances dont vous ne voulez pas.

✔ Vous pouvez définir vos rêves et trouver la direction à donner à votre vie.

✔ Vous pouvez trouver le ou la partenaire idéal, celui ou celle dont vous avez toujours rêvé.

✔ Vous pouvez créer votre emploi idéal et attirer dans votre vie prospérité et abondance.

✔ Vous pouvez attirer dans votre vie de nouvelles personnes, comme amis, partenaires ou clients.

✔ Vous pouvez attirer plus de positivité dans votre vie, et ce quotidiennement.

C'est votre choix. Je ne me lasserai pas de le répéter, vous pouvez vraiment, véritablement, créer ce que vous désirez, et vous y arriverez : de merveilleuses opportunités vous attendent.

Vous pouvez choisir une vie triste et monotone. Vous pouvez choisir de vous sentir piégé dans une vie qui ne vous plaît pas. Vous pouvez choisir de ressentir de la peur, de la colère, de la frustration, vous pouvez être déprimé, irrité…

Vous pouvez aussi choisir de prendre votre envol. Vous pouvez créer prospérité et bonheur, vous pouvez choisir une vie passionnante, pleine de joie au quotidien.

Comment lire ce livre

7 étapes pour passer commande à l'univers est un guide pratique, agrémenté de nombreux exercices, qui vous accompagnera pas à pas et que vous pouvez utiliser pour créer ce que vous désirez dans votre vie, grâce à la commande cosmique.

Toutes les techniques et tous les exercices de ce livre représentent le meilleur moyen d'atteindre des résultats positifs dans votre commande cosmique. Si vous suivez la formule à la lettre, vous pouvez être sûr d'obtenir des résultats.

Lisez d'abord le livre en entier. Une fois que vous aurez compris chaque étape, lisez la formule magique des pages 217-230 : vous êtes alors prêt à passer votre première commande. Vous pouvez bien sûr commencer directement par ce chapitre, mais vous le trouverez moins parlant si vous n'avez pas d'abord fait tous les exercices du livre dans l'ordre.

Chaque fois que vous passez une commande, prenez bien soin de noter les résultats obtenus. Vos résultats sont la seule chose qui compte. Ils vous permettront de vérifier si votre façon de passer commande est efficace et, si nécessaire, à quelles étapes vous devez porter plus d'attention.

Le simple fait d'avoir l'intention sincère de vous engager dans ce processus fera que vos rêves vont commencer à se réaliser…

Ne soyez pas surpris si l'un de vos rêves se réalise tout de suite.

Découvrez le fonctionnement de l'univers

ÉTAPE 1

« On peut traverser une forêt sans y voir de bois pour la cheminée. »

PROVERBE

Faire son shopping dans le cosmos

NOS HABITUDES de consommation ont beaucoup changé ces dernières années. On n'a plus besoin désormais de faire le tour d'un centre commercial et d'aller de magasin en magasin : il suffit d'aller sur Internet, de chercher ce que l'on désire et de le commander depuis son ordinateur. On passe sa commande, on reçoit une confirmation et quelques jours ou semaines plus tard on nous livre l'objet.

Entre le moment de la commande et la livraison, beaucoup de choses se passent. La commande est reçue et traitée, l'objet est localisé dans un entrepôt, puis il est envoyé et enfin livré chez vous. Tout ce processus est fondé sur la confiance. Vous ne voyez pas toutes les étapes, mais vous savez qu'en coulisse le système fonctionne efficacement pour vous et que, après un court intervalle, vous obtiendrez ce que vous désirez. Tout ce que vous avez à faire est de continuer à vaquer à vos occupations comme si de rien n'était, et à réceptionner la commande.

Bien sûr, il y a de temps en temps des erreurs. Peut-être la commande n'a-t-elle pas été transmise correctement, ou bien il y a un retard, et vous devez à nouveau commander l'objet. Parfois vous recevez bien l'objet, mais ce n'est pas la bonne couleur. Que faire alors ? Vous avez le choix, vous pouvez soit accepter l'objet tel qu'il vous a été livré, soit le renvoyer et repasser commande pour obtenir la bonne couleur. La plupart des gens continuent le processus jusqu'à avoir reçu exactement ce qu'ils ont demandé.

Aujourd'hui vous pouvez trouver presque tout sur Internet : un livre, une voiture, un emploi ; et même l'âme sœur sur un site de rencontres en ligne.

Le cosmos, ou l'univers, ressemble à un vaste entrepôt en ligne, infiniment abondant, mais il représente bien plus qu'un paradis de consommateur. Ce que vous commandez peut, véritablement, changer votre vie. Oui, vous pouvez bien sûr commander des possessions matérielles, mais vous pouvez aussi attirer le bonheur, la prospérité, la joie, l'épanouissement et la sagesse.

Comment fonctionne cet étonnant entrepôt cosmique ?

Le système est très simple. Décidez de ce que vous désirez, dans n'importe quel domaine. Passez commande et attendez, tout en sachant que vous êtes sûr de recevoir ce que vous avez commandé. Il se peut que vous ayez à attendre un certain temps avant que ce que vous désirez ne se manifeste dans votre vie, mais vous pouvez être certain qu'entre-temps le système cosmique s'assure que votre commande sort de l'entrepôt et qu'elle est traitée.

La première étape dans le processus de commande cosmique consiste à comprendre comment l'univers fonctionne

Internet fonctionne selon certaines règles et certains principes, bien qu'il n'existe que dans le monde abstrait du cyberespace ; il en va de même pour l'univers. Vos vœux se réaliseront uniquement si vous passez commande auprès de l'univers d'une façon aussi claire et logique que lorsque vous passez commande sur Internet.

C'est la vie !

Vous avez sûrement déjà entendu ce genre d'opinions désabusées et négatives :

- La vie est dure.
- La vie n'est pas un jeu.
- Il faut travailler dur pour réussir.
- Il faut faire des sacrifices pour obtenir ce qu'on veut.
- Les miracles, ça n'existe pas.
- Il n'y en aura pas pour tout le monde.
- La vie n'est pas une partie de plaisir.
- On ne peut pas tout avoir.
- Pour réussir, il faut être plus intelligent que ça.
- Pour réussir, il faut être plus beau que ça.
- C'est toujours les mêmes qui ont de la chance.
- On naît chanceux, on ne le devient pas.
- Les rêves, c'est bien joli, mais c'est du vent.
- C'est ça, la réalité…

Vous avez certainement cru ceux qui vous disaient que la vie que vous pouviez avoir était nécessairement limitée

Bien que les enfants s'attendent en général à obtenir ce qu'ils demandent, peu d'adultes s'attendent à ce que la vie leur permette de réaliser leurs rêves. De fait, on nous a toujours appris le contraire : pour obtenir quoi que ce soit, nous pensons qu'il est nécessaire de lutter et qu'on ne peut y arriver qu'à force de volonté.

Nombreux sont ceux qui croient que, plus on investit d'efforts dans quelque chose, plus on a de chances d'obtenir un résultat. Mais est-ce vrai ? Est-ce que le dur labeur et les efforts garantissent toujours un résultat ? Si c'était vrai, celui qui travaille le plus dur connaîtrait le plus grand succès. Mais ce n'est pas toujours le cas. La personne qui a le plus de talent n'est pas forcément la plus heureuse ou la plus enviable. L'élève le plus intelligent ne deviendra pas forcément l'homme le plus riche. La fille la plus jolie n'est pas toujours celle qui ravira le cœur du plus beau garçon.

Alors pourquoi certains réalisent-ils leurs rêves et pas d'autres ?

Les gens dont les rêves se réalisent sont ceux qui les poursuivent en harmonie avec l'univers. En fait, nul besoin de forcer ; nul besoin de travailler dur ; nul besoin d'avoir une volonté de fer pour faire de ses rêves une réalité. Vous pouvez avoir une vie aussi merveilleuse qu'un conte de fées : le genre d'histoire où le prince épouse toujours sa promise, où le vilain petit canard devient un cygne, où Cendrillon se transforme en princesse.

Mais, me direz-vous, la vraie vie n'a rien à voir avec un conte de fées. Si la vie ne comble pas tous vos désirs, quels qu'ils soient, bonheur, succès, possessions, amour, vous pouvez toujours vous accrocher à vos vieilles idées reçues, et vous obtiendrez toujours les mêmes résultats.

Le secret, c'est que l'univers, tout comme dans les contes de fées, peut réellement vous donner tout ce que votre *cœur* désire (et pas ce que votre *tête* désire). Si vous vous ouvrez à de nouvelles possibilités, de nouvelles possibilités s'ouvriront à vous.

Les secrets de l'univers

LES PRINCIPES de fonctionnement de l'univers ne sont pas l'invention de quelque gourou new age. Ils sont connus de toutes les traditions spirituelles depuis des milliers d'années. Mais par le passé on a considéré cette connaissance comme un grand secret, qui ne devait être transmis qu'à une poignée d'initiés, assez mûrs pour utiliser leur savoir à bon escient. Dans certaines traditions, cette connaissance n'était communiquée à l'initié qu'une fois qu'il avait quarante ans révolus.

Mais ces secrets sont en réalité à la portée de n'importe qui est réceptif à cette connaissance. En fait, de nos jours des idées autrefois considérées comme absurdes ne semblent plus aussi obscures, grâce aux progrès époustouflants de la science. Si on y réfléchit bien, de nombreuses choses qui nous semblent normales aujourd'hui auraient été considérées par nos ancêtres comme impossibles ou magiques.

Le premier secret : l'univers est infini

Les scientifiques nous ont montré à quel point l'univers est vaste. Il est composé de particules si petites qu'elles peuvent uniquement être mesurées avec des technologies extrêmement avancées.

Vous et moi pouvons appréhender le monde qui nous entoure grâce à nos sens : nous voyons avec nos yeux, nous touchons les objets, nous pouvons les sentir et les goûter. Mais l'univers est bien plus vaste que le monde physique que nous sommes capables de voir, d'entendre, de goûter, de sentir et de toucher. Vous ne pouvez pas voir les organes à l'intérieur de votre corps qui vous permettent de respirer, de bouger, de digérer ; de même, la majeure partie de l'univers est hors de portée de notre expérience sensorielle. Les philosophies millénaires nous enseignent qu'il existe un univers invisible, parallèle au monde dont nous sommes conscients. Cet univers est si vaste, en fait, qu'il est infini : il n'a ni commencement ni fin.

Le deuxième secret : tout dans l'univers a sa propre vibration

L'univers n'est pas statique. Tout dans l'univers est composé d'énergie : molécules, atomes et particules subatomiques. Chacun vibre à la fréquence qui lui est propre. La science a montré que tout a sa propre vibration, qu'il s'agisse de notre corps physique ou des objets qui nous entourent. Vous verrez pourquoi cela a son importance lorsque nous aborderons la loi de l'attraction (pp. 25-26).

Le troisième secret : nous vivons dans un univers mental

L'univers est en fait une immense intelligence dont le but est de traduire constamment les pensées et les idées en ce que nous appelons réalité. Nombreuses sont les religions ou les philosophies qui ont dévoilé le secret de l'intelligence universelle : l'esprit est toujours supérieur à la matière, même dans le processus de création originel.

On utilise souvent le mot « mental » pour décrire cette intelligence, mais il peut nous induire en erreur, parce qu'il amène les gens à croire qu'il leur suffit de penser consciemment à ce qu'ils désirent, alors qu'en fait le processus est beaucoup plus subtil, comme vous le verrez à l'étape 4, « Prenez vos pensées en main ».

> *« Au commencement, Dieu créa les cieux et la terre. La terre était informe et vide : il y avait des ténèbres à la surface de l'abîme, et l'esprit de Dieu se mouvait au-dessus des eaux. »*
>
> GENÈSE, 1:1-2

Le « Dieu » auquel il est fait référence dans la tradition chrétienne peut aussi être appelé intelligence cosmique ou universelle. L'univers est créé et constamment recréé par cette intelligence. Et même, cette intelligence est présente dans chaque atome de l'univers et dans chaque cellule de notre corps. Sans cette intelligence, comme le dit la Genèse, il n'y aurait qu'un vide. La forme ou la matière physique du monde n'est créée que grâce à la puissance de l'esprit universel. Vous n'êtes pas obligé de croire en Dieu ou d'adhérer à une religion particulière pour que cela marche. Il vous suffit de croire que c'est possible, et vous serez agréablement surpris.

Comment est-il possible de créer quelque chose à partir de rien ?

- Avant que quelque chose ne vienne à exister, il n'y a rien : seulement un vide dans lequel il n'y a aucune forme.
- Une pensée ou une idée pénètre ce vide.
- Aussitôt que cela se produit, l'idée peut se manifester, sous la forme d'un objet réel, d'une personne ou d'un évènement, dans notre monde physique.

Parce que la pensée guide l'univers, l'énergie est dirigée vers ce sur quoi l'esprit se concentre, et devient ainsi une réalité manifeste.

Tout ce qui existe dans le monde a d'abord existé dans l'esprit universel sous la forme d'une idée *avant* d'exister sous sa forme physique : vous, votre travail, votre maison, votre salaire, ceux qui vous sont chers, les plantes, les arbres, tout ce qui vous entoure.

Le quatrième secret, le Grand Secret : vous êtes le cocréateur

« Mais, me direz-vous, je n'ai pas créé les plantes, ni les arbres, ni le monde autour de moi. »

C'est vrai : vous ne les avez pas *créés* ; c'est l'intelligence cosmique qui l'a fait. Mais vous avez le *pouvoir* de créer une autre vie, entièrement nouvelle et différente. Vous pouvez créer des évènements, des relations, des expériences, des possessions matérielles.

Vous êtes, avec le cosmos, le cocréateur de votre vie : c'est cela, le grand secret connu de toutes les traditions magiques. Même si vous ne vous en êtes pas encore rendu compte, vous créez constamment votre futur, de concert avec l'univers.

Autrefois les habitants des îles Hawaï donnaient une excellente explication à ce processus. Ils croyaient que chaque personne avait trois aspects : un esprit conscient, un esprit inconscient et un moi supérieur. Ce que vous pensez, consciemment ou inconsciemment, est instantanément transmis à votre moi supérieur. Le moi supérieur crée votre futur à partir de toutes vos pensées et vos désirs, que vous en soyez conscient ou non. De plus, chaque moi supérieur est capable d'entrer en contact avec les moi supérieurs de toutes les personnes du monde, et avec l'esprit universel ; cet esprit de groupe ou esprit partagé entre en contact avec l'intelligence cosmique et crée constamment notre futur commun.

Il est certain que si vous envoyez une pensée dans le cosmos, le cosmos y répondra. Une commande cosmique est tout simplement une façon de s'assurer que les pensées que vous envoyez sont intentionnelles et créent l'avenir que vous désirez, plutôt qu'un avenir accidentel provoqué par le désordre de vos pensées quotidiennes.

Le cinquième secret : l'univers est infiniment abondant

À mesure que vous maîtriserez mieux le processus de commande, et que vous serez de plus en plus à l'unisson de l'esprit cosmique, vous serez capable d'utiliser les idées de façon plus ciblée et de créer précisément le genre de vie dont vous rêvez, plutôt que d'être à la merci du hasard.

Il n'est rien qui vous soit interdit. L'entrepôt universel n'est jamais en rupture de stock, parce que l'esprit n'est jamais à court d'idées.

Tout peut être créé grâce à l'esprit de l'univers invisible, puis matérialisé ou manifesté dans le monde visible.

Le sixième secret : l'univers est impartial

Nous sommes tous égaux face à l'univers. Vous avez autant que n'importe qui d'autre le droit de demander à l'univers tout ce que vous désirez. Il crée tout sans favoritisme : l'univers est désintéressé.

Le septième secret : le temps et l'espace n'existent que dans la partie physique de l'univers

Dans la partie non physique de l'univers, la partie qui ne peut pas être appréhendée par les sens, il n'y a ni temps, ni espace. Le temps et l'espace sont des concepts du monde matériel. Dans le reste de l'univers règne un éternel *maintenant*. Le futur, le passé et le présent sont une seule et même chose.

Lorsque vous passez outre les règles de l'espace et du temps et que vous entrez en contact avec le vaste univers invisible, vous pouvez vous aussi, pour un moment, être hors du temps. Le processus de commande cosmique utilise ce savoir. Vous avez dès maintenant tout le pouvoir dont vous avez besoin. Vous pouvez entrer en contact avec les ressources du passé, vous pouvez recréer un souvenir, ou bien placer un souvenir futur dans votre avenir (voyez l'étape 6, « Passez votre commande »).

Dès l'instant où vous passez une commande cosmique, l'univers l'enregistre immédiatement et se prépare à vous la livrer.

Cinq vérités sur l'univers et vous

- C'est un univers de pensée : le monde est ce que vous croyez qu'il est.
- Toute puissance vient de l'intérieur, vous avez donc le pouvoir de vous créer une vie différente.
- Vous n'avez pas de limites. L'univers n'a pas de limites, tout est possible.
- Là où vont l'esprit et la concentration, là va l'énergie.
- Le moment de puissance est toujours maintenant.

Les deux lois universelles

LES LOIS universelles sont les principes qui font l'univers. Elles proviennent de plusieurs traditions millénaires et constituent des théories new age largement acceptées. Il est impossible de transgresser ces lois : on ne peut leur désobéir. On ne peut pas les voir, mais la preuve de leur existence réside dans les résultats que vous obtenez dans votre vie. Tout comme la loi de la gravitation, elles existent sous la forme d'un concept abstrait hors de notre conscience immédiate, mais elles ont un effet réel et constant sur nos vies.

Les lois universelles opèrent constamment et ne peuvent être infléchies.

La loi de l'attraction

La loi de l'attraction est à l'œuvre dans votre vie en ce moment même. Les circonstances de votre vie, l'emploi, les relations, les amis que vous avez ou n'avez pas, vous avez attiré tout cela selon l'énergie et la vibration que vous transmettez.

Vous êtes semblable à un aimant. Vous attirez ce à quoi vous pensez, ce sur quoi vous concentrez votre attention, que vous le désiriez consciemment ou pas. La loi de l'attraction est la force la plus puissante de l'univers. Il est impossible de la vaincre.

Tout dans l'univers est en mouvement et a sa propre vibration. Selon la loi de l'attraction, lorsque quelque chose vibre à une fréquence particulière, cette chose attire et entre en résonance avec d'autres choses qui vibrent à la même fréquence.

Les pensées, tout comme les objets, ont leur propre vibration. Vous attirez certains évènements à vous, selon la fréquence de vibration de vos pensées. Vous attirerez tout ce vers quoi vous tournez votre attention. Mais cette attention n'a pas besoin d'être consciente. Le mental conscient n'est qu'une petite partie de notre mental. La plus grande partie est inconsciente, si bien que vous attirerez dans votre réalité tout ce qui pénètre votre inconscient. Si vos pensées sont contradictoires ou conflictuelles, vous attirerez des expériences contradictoires ou conflictuelles : ce que la plupart d'entre nous appellent la réalité ou la vie normale.

Le processus de commande cosmique vous permet de travailler avec la loi de l'attraction et de penser et de créer délibérément ce que vous voulez attirer dans votre vie. En suivant ce processus, vous prendrez conscience du lien qui existe entre vos pensées et les expériences que vous attirez. Vous en apprendrez plus à l'étape 4, « Prenez vos pensées en main ».

La loi de cause à effet, ou des conséquences

On appelle souvent cette loi la loi du karma : c'est elle qui nous donne le sentiment de notre responsabilité, en plus de notre puissance de cocréateur de notre destinée.

- On récolte ce qu'on a semé.
- Comme on fait son lit on se couche.
- On obtient ce qu'on mérite.
- Chaque action donne lieu à une réaction opposée d'égale intensité.

Vous semez avec vos pensées, vos mots et vos actions, et vous récoltez les effets dans votre propre réalité. Votre volonté est toujours faite. Comme le dit Deepak Chopra : « L'univers dispose d'un système de rétribution parfait. » Si vous contractez une dette d'un côté, elle devra être payée de l'autre. De même, si vous avez un crédit d'un côté, il sera équilibré de l'autre.

Une partie du processus de commande cosmique consiste à accepter la responsabilité de la réalité que vous voulez créer et à définir clairement la raison pour laquelle vous pensez que ce que vous désirez peut être bénéfique dans votre vie.

Plus vous vous entraînerez à manier ce processus et à obtenir des résultats, plus vous deviendrez sage dans ce que vous demandez. La plupart des gens se rendent compte que peu à peu ils cessent de passer des commandes pour des biens matériels, et se mettent à demander des choses plus importantes et plus sages, des expériences qui leur permettront d'apprendre et de mûrir.

Plus loin dans le livre, vous apprendrez à tenir un journal de réception de vos commandes : ce sera votre registre personnel qui gardera les preuves des résultats que vous avez obtenus. Tenir ce journal vous permettra de garder une trace des conséquences des commandes que vous avez passées.

Lorsque vous êtes reconnaissant par avance de ce que vous allez recevoir, vous pouvez réaliser vos rêves rapidement et avec succès !

Astuce : La Gratitude

- L'univers réagit à la gratitude. Lorsque vous êtes reconnaissant pour les expériences que vous avez attirées dans votre vie, que vous les ayez jugées positives ou négatives par le passé, l'univers vous récompense. Être reconnaissant nous permet d'apprendre et de comprendre, grâce à nos expériences dans le monde matériel.

- L'univers nous envoie les évènements et les situations dont nous avons besoin pour mûrir, apprendre et nous développer en tant qu'êtres humains. Chaque fois que vous reconnaissez, par l'expression de votre gratitude, la chance qu'a représentée une expérience particulière, l'univers perçoit que vous êtes prêt pour l'étape suivante et vous envoie une nouvelle expérience.

- Rendez grâce ou remerciez aussi souvent que possible pour tout ce que vous avez vécu, et prenez conscience des bénéfices que vous avez retirés de chaque expérience que la vie vous a fait traverser. Ce faisant, vous apprenez à accepter et à apprécier ce que la vie a à vous offrir, et qui est en fait ce que vous-même avez créé.

- Lorsque vous exprimez votre gratitude pour ce que vous avez attiré, vous attirez automatiquement encore plus de choses positives dans votre vie. En entretenant cet esprit de gratitude, vous pouvez délibérément demander à l'univers de vous apporter des expériences bien précises. Parce que ainsi les évènements passés n'ont plus d'énergie ou de vibration autre que positive, l'univers est enclin à cocréer des évènements positifs dans votre futur, avec votre coopération. Vous créez ces évènements en remerciant l'univers à l'avance pour ce qu'il va vous donner.

Résumé de l'étape 1

- Si vous comprenez les secrets et les lois de l'univers et que vous les exploitez, vous constaterez d'énormes changements dans votre vie.
- Bien sûr, il est impossible de ne pas coopérer avec l'univers, ou de travailler contre. Mais désormais, vous pouvez délibérément choisir vos pensées et vos actions, en pleine connaissance de ce que vous faites.
- Observez bien les lois de l'attraction et de cause à effet.
- Exprimez votre gratitude à l'univers.

Décidez ce que vous désirez

ÉTAPE 2

« Les pensées qui viennent ainsi sans avoir été provoquées et... pour ainsi dire tombent dans l'esprit sont souvent les plus précieuses de toutes. On devraient par conséquent soigneusement les noter, car elles reviennent rarement. »

JOHN LOCKE

Que désirez-vous ?

LORSQUE vous étiez enfant, que vouliez-vous faire plus tard ? Avez-vous réalisé vos rêves ?

Votre vie d'aujourd'hui correspond-elle à ce que vous imaginiez enfant ?

Les enfants pensent que l'imagination va de soi. Vous rêvez que vous serez riche, célèbre et que vous réussirez. Peut-être que vous ferez le tour du monde. Peut-être que vous aurez une grande maison ou une grosse voiture. Peut-être traverserez-vous le désert à dos de chameau, peut-être que vous piloterez un avion.

Et si vous pouviez réaliser ces rêves ? Il est vrai que certains de vos rêves ont pu changer depuis. Mais peut-être avez-vous toujours les mêmes rêves. Et si vous vous persuadiez que vous pouvez réaliser ne serait-ce qu'un seul de vos rêves ? Peut-être savez-vous exactement ce que vous voulez ; peut-être n'avez-vous qu'une idée vague, ou pas d'idée du tout. Ou peut-être même avez-vous besoin que l'on vous persuade que vous avez le droit de rêver.

Quoi qu'il en soit, vous désirez probablement changer quelque chose dans votre vie. Dans ce chapitre, vous allez enclencher le processus qui vous permettra de poser les fondations du changement en découvrant ou en redécouvrant quels sont vos rêves.

Votre vie aujourd'hui

« Et j'aurai jusqu'au bout fait mon temps sur la terre,
N'osant rien demander et n'ayant rien reçu. »
FÉLIX ARVERS

Quel est votre degré de satisfaction ?

Prenez le temps de considérer votre vie actuelle. Votre vie est ce qu'elle est actuellement parce que vous l'avez créée ainsi.

« Mais c'est injuste, me direz-vous. Ce n'est pas moi qui ai fait de ma vie ce qu'elle est. Bien sûr que je voudrais avoir plus d'argent, une meilleure relation avec mon ou ma partenaire, plus d'amis, des enfants, un meilleur emploi, mais je dois faire ce que je fais et c'est pourquoi je désire et j'ai besoin de toutes ces choses. »

Vous serez peut-être surpris de découvrir que vous avez toujours eu en vous les capacités qui vous permettront de créer tout ce que vous désirez dans votre vie : en un mot, de créer l'expression unique de votre personnalité.

Les raisons avec lesquelles nous justifions toutes les choses que nous « devons » faire ou « devrions » faire sont des illusions. Votre présent est ce qu'il est. Votre passé est passé. Mais votre futur peut être complètement différent. Le pouvoir de créer un nouvel avenir ne dépend pas des circonstances dans lesquelles vous vous trouvez : il ne dépend que de votre esprit.

Vous pouvez avoir tout ce que vous désirez dans le futur, quelle que soit votre vie à présent, et quelle qu'elle ait été dans le passé.

L'histoire d'Anna : Le bon appartement

J'avais une grande maison dans la banlieue de Londres. Mes enfants n'habitaient plus avec moi, et j'ai pensé que le temps était venu d'échanger tout cet espace dont je n'avais plus besoin contre un petit appartement en centre-ville.

Je savais exactement ce que je voulais : je visualisais un appartement avec des portes-fenêtres et un grand salon, un balcon et une terrasse de toit. Tout le monde me répétait : « C'est impossible, enfin. Tu ne trouveras jamais toutes ces choses réunies. » Mais je continuais à m'imaginer dans un tel appartement.

Après avoir cherché un long moment, je trouvai un appartement qui n'était pas exactement ce que je cherchais, mais je proposai quand même un prix. Malheureusement le vendeur le retira du marché juste après que j'eus fait mon offre. Fatiguée et agacée, je partis en vacances. Cela me donna l'occasion de recentrer mes pensées et de réfléchir à ce que je désirais vraiment.

Alors que j'étais en vacances, l'agent immobilier chercha à me joindre pour me dire qu'il avait trois autres appartements à me proposer. Je rentrai à Londres et il me rappela, mais je lui dis que je n'étais pas intéressée parce que ces appartements étaient trop chers.

Finalement, quand l'agent vit que je me désintéressais de son offre, il me parla d'un autre appartement. Il ne m'en avait pas parlé tout d'abord parce qu'il n'aurait pas eu la même commission pour cette vente.

Je le visitai, et c'était bien entendu l'appartement de mes rêves. Il y avait beaucoup de travaux à faire, dans la salle de bains il fallait refaire toute la plomberie, les revêtements de sol et les peintures allaient coûter cher, mais il y avait les portes-fenêtres et le grand salon, le balcon et la terrasse de toit dont je rêvais, en plein centre-ville.

En plus, bien que ce soit un quartier très passant, maintenant que j'ai déménagé je trouve toujours à me garer. Même lorsque cela semble impossible, quelqu'un quitte une place de parking juste au moment où j'en cherche une !

Décidez ce que vous voulez

CETTE SÉRIE d'exercices vous permet de vous concentrer pour préciser quelles sont les choses que vous voulez créer dans votre vie, afin de vous préparer à l'étape suivante, où vous apprendrez à transformer vos rêves en commandes cosmiques, plus spécifiques.

Vous n'avez pas besoin de faire tous les exercices. Choisissez ceux qui vous semblent le plus appropriés. Ils vont stimuler votre imagination pour vous permettre de clarifier vos désirs, et de découvrir ceux qui vous sont personnels et vous correspondent le mieux.

Ma vie aujourd'hui

Pour savoir ce que vous désirez vraiment, vous pouvez déterminer votre niveau de satisfaction actuel dans les divers domaines de votre vie. Il y a plusieurs façons de déterminer ces domaines, bien sûr, mais la question suivante est un bon point de départ : « *Quel niveau de joie, de bonheur, de satisfaction et de contentement est-ce que j'attribuerais actuellement à chaque domaine ?* »

Quelle note sur 10 donneriez-vous à chaque rubrique ? Reportez la note dans le tableau ci-dessous.

Domaine de ma vie	Niveau de satisfaction
Vie sociale	___/10
Amour	___/10
Forme et santé	___/10
Argent et finances	___/10
Développement personnel	___/10
Famille	___/10
Carrière	___/10
Développement spirituel	___/10

Comment obtenir 10 sur 10 ?

Utilisez ce tableau pour réfléchir à ce que vous voulez créer dans votre vie. Observez bien dans quels domaines vous voudriez voir des changements et obtenir un niveau de satisfaction supérieur.

- Dans le tableau de la page précédente, choisissez une rubrique avec une note basse.
- Posez-vous la question : « Dans ce domaine, qu'est-ce que je pourrais créer qui me donnerait 10 sur 10 en joie, en satisfaction et en contentement ? »
- Dans la section ci-dessous, vous pouvez noter les pensées qui vous viennent.

Domaine de ma vie	Qu'est-ce qui amènerait mon niveau de satisfaction à 10/10 ?
Exemple : *Vie sociale : en ce moment, pas assez active à mon goût, j'ai donc noté 5/10.*	*Sortir le soir, une ou deux fois par semaine. Parler quotidiennement à au moins un ami. Aller danser deux fois par mois. Apprendre une nouvelle activité dans l'année qui vient.*

Vous pouvez répéter l'exercice pour tous les domaines de votre vie auxquels vous avez donné une note basse.

Selon moi, que me réserve le futur aujourd'hui ?

Ce que vous voulez que votre futur soit ne correspond pas forcément à ce que vous croyez que votre futur sera. Pour mieux voir s'il existe un fossé entre ce que vous voulez et la réalité de votre vie actuelle, jetez un coup d'œil dans le futur : selon vous, que contient votre futur lorsque vous l'imaginez depuis la perspective de votre vie actuelle ?

Demandez-vous :

- *Qu'est-ce que je veux changer dans mon futur ?*
- *Qu'est-ce qui rendrait ma vie plus intéressante ?*
- *Qu'est-ce qui me rendrait plus heureux ?*
- *Qu'est-ce qui rendrait ma vie plus aventureuse ?*
- *Qu'est-ce qui rendrait ma vie plus amusante ?*
- *Qu'est-ce qui me ferait me sentir plus satisfait ?*
- *Qu'est-ce qui me ferait me sentir plus heureux ?*

Notez ci-dessous les pensées qui vous viennent.

À quoi ressemblera ma vie quand j'aurai :

30 ans

Exemple : *Je me vois célibataire, je bénéficie d'une promotion au travail, j'habite là où j'habite aujourd'hui. Je veux me marier, mais lorsque j'imagine mon futur ce n'est pas ce que je vois.*

----

40 ans

Exemple : *Je me vois habiter dans un autre endroit, il me semble que c'est à la campagne, il y a des animaux. Il me semble que je voyage beaucoup et que je vis des aventures passionnantes.*

----

50 ans

Exemple : *Il me semble que j'ai un partenaire et que notre relation dure, mais je ne vois pas d'enfants, bien que j'en veuille.*

----

60 ans

Exemple : *Je vois une image, il s'agit de moi, avec une famille, mais je ne suis pas sûr qu'il s'agisse de liens de sang ; peut-être que ce sont des beaux-enfants ?*

----

70 ans

Exemple : *Il me semble que j'ai pas mal d'amis, mais je me rends compte que l'argent et la vieillesse sont sources de soucis, bien que j'aie toujours espéré être riche à 70 ans. Peut-être est-ce parce que mes parents ont toujours craint d'être pauvres lorsqu'ils seraient vieux ?*

----

80 ans

Exemple : *Il me semble que je peux être moi-même et que je fais des choses inhabituelles.*

----

90 ans

Exemple : *Je me rends compte que je n'ai aucune vision de ma vie au-delà de 80 ans parce que mes parents sont morts avant d'avoir atteint cet âge. Il me faut travailler là-dessus, pour avoir un avenir après 90 ans.*

Qu'aimez-vous faire ?

Cet exercice vous permettra de mieux savoir ce qui vous réussit aujourd'hui, afin de le garder dans le futur que vous créerez.

Rappelez-vous une époque dans le passé où vous faisiez quelque chose qui vous semblait parfaitement agréable...

Qu'est-ce qui, dans cet épisode, était la source de cette harmonie ?

Quel sentiment cela vous procurait-il ?

Quelles personnes étaient avec vous à ce moment ?

Y a-t-il quelque chose qui est présent dans l'expérience mais qui manque à votre vie actuelle ?

Y a-t-il quelque chose qui est absent de cet épisode mais qui est présent d'habitude ?

Que pouvez-vous changer dans votre vie pour refléter ce que cet exercice vient de vous apprendre ?

Vos rêves d'enfant

L'exercice suivant vous permet de prendre en compte tous les rêves non réalisés que vous avez gardés en vous.

Qu'aimiez-vous faire quand vous étiez enfant ?

Quels étaient vos rêves quand vous étiez jeune ?

Parmi ces rêves, lesquels voudriez-vous encore réaliser aujourd'hui ?

Notez les autres pensées qui vous viennent.

Si c'était à refaire...

Imaginez que vous deviez recommencer votre vie à zéro maintenant : que souhaiteriez-vous ?

Qu'est-ce qui est important pour vous ?

Quelles sont les choses qui sont déjà présentes dans votre vie et que vous voudriez garder ?

Quelles sont les personnes que vous voudriez garder ?

Si vous pouviez occuper vos journées exactement comme vous le souhaitez, à quoi feriez-vous attention ?

Si vous pouviez vous transporter dix ans en avant et jeter un regard rétrospectif sur votre présent, qu'est-ce qui vous semblerait important ?

Si vous pouviez vous transporter à la fin de votre vie, à quoi voudriez-vous avoir passé plus de temps ?

Si vous pouviez vous transporter sur votre lit de mort et évaluer votre vie, avec qui voudriez-vous avoir passé votre temps ?

Astuce : Que désirez-vous ?

- Quelle que soit la commande que vous passez au cosmos, cela ne sert à rien de demander quelque chose qu'il vous semble « devoir » souhaiter.
- Il ne sert à rien de passer tout un tas de commandes qui correspondent à ce que d'autres veulent pour vous plutôt qu'à ce que vous-même désirez. Pourquoi ne pas demander quelque chose que vous désirez *vraiment*, qui vous *inspire*, que vous voulez *avec votre cœur* plutôt qu'avec votre tête ?

Être, faire et avoir

Voici une autre façon de stimuler votre imagination pour mieux savoir ce que vous désirez. Tous vos désirs entrent dans trois catégories :

- ce que vous voulez *être*,
- ce que vous voulez *faire*,
- et ce que vous voulez *avoir*.

L'univers peut livrer votre commande dans n'importe laquelle de ces catégories. Lorsque vous pensez à ce que vous désirez, soyez sûr de penser à chacune de ces catégories. Dans l'espace ci-après, notez les pensées qui vous viennent à propos de ce que vous aimeriez *être, faire* ou *avoir* dans votre vie.

Ce que je veux être :

Ce que je veux faire :

Ce que je veux avoir :

Créer l'inspiration

Chercher l'inspiration

Vous avez noté quelques bonnes idées, mais vous ne vous sentez toujours pas inspiré et ne savez pas vraiment quoi demander : par où commencer ?

Parfois, il vous semble que vous désirez vaguement « autre chose ». Cet « autre chose » est comme un signal radio distant que vous ne parvenez pas à capter. Mais le signal gagne peu à peu en force, jusqu'à ce qu'un jour vous sentiez le besoin irrésistible d'agir pour obtenir ce qui vous manque. Mais comment agir lorsqu'on ne sait ni ce qu'on doit faire, ni ce qu'on veut, et que le seul point de repère est ce sentiment vague que quelque chose manque à notre vie ?

L'inspiration nous est communiquée par l'univers, on ne peut pas la provoquer, la forcer. En latin, *inspirare* veut dire « souffler dans » ; le mot, de la même famille que « esprit », dénote à l'origine le souffle des dieux donné à celui qui est inspiré : vous absorbez de l'esprit. C'est pourquoi on a souvent l'impression que l'inspiration ne vient de nulle part. Et parce que le cerveau humain réagit aux images beaucoup plus qu'aux mots, vous pouvez trouver inspiration et idées en nourrissant votre esprit d'images.

Les exercices qui suivent vous permettront de créer des images et de stimuler votre inconscient, pour que l'inspiration vous vienne au moment où vous vous y attendez le moins.

Le tableau de vos rêves

Si vous n'avez qu'une vague idée de ce que vous désirez apporter dans votre vie, créer un « tableau de vos rêves » est idéal pour stimuler votre imagination.

1. Rassemblez des magazines et prenez le temps et l'espace nécessaires pour vous installer tranquillement. Découpez les photos d'objets, de gens, de situations et d'endroits qui vous inspirent. Vous allez très vite vous rendre compte que vos choix deviennent de plus en plus précis.

2. Prenez ensuite une grande feuille de papier sur laquelle vous collerez les images, ou épinglez-les sur un panneau. Il est important de laisser votre intuition décider de l'endroit où vous placez les images, et de positionner le collage terminé à un endroit stratégique, pour que vous le voyiez souvent.

3. Le meilleur endroit pour poser le tableau de vos rêves est quelque part où vous passez plusieurs fois par jour, de façon à l'apercevoir régulièrement. Ainsi les images vont nourrir votre imagination et vous inspirer des visions positives pour votre futur. Vous pouvez ajouter d'autres images que celles découpées dans les magazines : des photos de vous à des moments heureux, des cartes postales, ou des objets qui vous rappellent ce que vous voulez attirer dans votre vie.

Votre boîte à rêves

Vous pouvez aussi rassembler dans une boîte tous les objets divers et variés qui stimulent votre imagination de quelque façon.

Personnellement je préfère le tableau, mais si la méthode de la boîte vous correspond mieux, utilisez-la. L'avantage du tableau est que vous pouvez le placer de façon à l'apercevoir fréquemment, alors qu'il n'est pas sûr que vous ayez le loisir d'ouvrir votre boîte aussi souvent. Plus vous voyez des images ou des choses qui stimulent votre imagination, plus votre imagination travaillera.

N'oubliez pas : qu'est-ce qui est important pour vous ?

Ceux qui font ce qu'ils veulent le font pour une seule raison : parce que c'est important pour eux. Cela est valable pour tous, hommes d'affaires, écrivains, artistes ou éboueurs.

Supposons que vous arriviez à un point dans votre vie où vous n'êtes toujours pas heureux. Peut-être avez-vous des millions sur votre compte en banque. Peut-être avez-vous une famille merveilleuse, une grande maison, tous les signes extérieurs de bonheur. Si tout cela vous laisse encore un sentiment de vide, c'est parce que votre vie ne correspond pas à ce qui est véritablement important pour vous.

Et ce qui est important pour vous vous est spécifique. Vous seul avez la capacité (et la responsabilité) de décider ce qui importe vraiment.

Cependant l'un des avantages de la boîte est que vous pouvez y mettre des objets, et la sensation tactile est une façon très positive de stimuler votre imagination.

Où en êtes-vous dans votre réflexion sur ce que vous désirez ?

À ce stade de votre réflexion, vous avez peut-être déjà une idée très claire de ce que vous voulez créer dans votre vie. Si ce n'est pas le cas, ce n'est pas grave, vous pouvez réfléchir en termes très généraux pour le moment.

Par exemple, si vous êtes sûr de vouloir un nouvel emploi mais que vous ne savez pas encore ce que cet emploi peut être, imaginez-vous travailler à un endroit qui vous procure bonheur et harmonie, un endroit où vous vous sentez satisfait, où vous apprenez et progressez.

Ou bien supposons que vous désiriez trouver le grand amour : imaginez quelqu'un avec qui vous êtes heureux, que vous aimez et qui vous aime.

Ou alors vous désirez plus d'argent. Visualisez une table devant vous, sur laquelle s'entassent billets de banque, lingots d'or et pierres précieuses. Imaginez que vous pouvez dépenser tout ce que vous voulez sans que la table ne se vide jamais.

Créer ainsi des images générales mettra en route votre imagination et vous vous rendrez compte que vous voyez de plus en plus d'images qui correspondent à ce que vous voulez attirer dans votre vie. De plus, dès que vous aurez enclenché le processus, l'univers va placer sur votre chemin des évènements et des personnes qui vous feront voir ce qui, à l'intérieur de votre vision, peut se réaliser.

Potion de rêve

Faites absolument cet exercice avant de passer à l'étape suivante.

Vous allez utiliser tous les exercices que vous avez faits jusqu'à présent, et vous allez mélanger vos idées pour obtenir une « potion de rêve ».

- Relisez tout ce que vous avez écrit jusqu'ici sur vos rêves.
- Relisez ce que vous avez écrit dans « Ma vie aujourd'hui » pp. 36-37, pour vous remettre en tête les domaines de votre vie dont vous n'êtes pas satisfait.
- N'oubliez pas de bien faire la différence entre ce qui vous importe vraiment et les choses qui vous paraissent importantes du fait de vos circonstances actuelles.
- Si quelque chose vous semble précieux et important, imaginez vivre votre vie avec et sans. Si vous pouvez imaginer vivre heureux sans, peut-être que cette chose n'est pas d'une importance capitale à vos yeux.
- Sous chaque rubrique de votre vie, notez ce que vous pensez devoir faire pour que votre vie vous donne cent pour cent de satisfaction.
- Si d'autres rubriques vous viennent à l'esprit, inscrivez-les dans les colonnes supplémentaires.

Astuce : L'équilibre est crucial

Lorsque vous réfléchissez à ce que vous désirez, il est important de ne négliger aucun aspect de votre vie. Si vous passez des commandes qui ne concernent qu'un seul aspect, vous pourriez, sans vous en rendre compte, créer un déséquilibre. Nous connaissons tous quelqu'un qui pense tellement à sa carrière qu'il obtient le succès qu'il désire, mais au prix de son mariage ou de sa santé. D'autres consacrent leurs efforts à construire une vie sociale et familiale satisfaisante, en oubliant leur stabilité financière.

Aspect de ma vie	**Rêves**

Vie sociale, amitié

Amour

Forme et santé

Argent

Développement personnel

Famille

Carrière

Développement spirituel

Astuce : L'univers n'exige rien en échange

Vous n'avez pas besoin de justifier votre existence en choisissant des rêves qui vous semblent « sérieux » ou « éthiques ». Trop de gens croient avoir à payer un prix pour le simple fait d'exister. Tout ce qui importe est que vos rêves soient pour vous une réalité qui vous apporte joie et bonheur.

Résumé de l'étape 2

- Définissez ce que vous désirez.
- Cherchez l'inspiration dans vos rêves, passés et présents.
- Rassemblez des images et des objets pour stimuler votre imagination et provoquer l'inspiration.
- Réfléchissez bien à ce que vous désirez.
- Assurez-vous d'identifier vos désirs dans tous les aspects de votre vie.

Transformez vos désirs en commandes détaillées

ÉTAPE 3

« Avant tout, sois loyal envers toi-même ;
Et, aussi infailliblement que la nuit suit le jour,
Tu ne pourras être déloyal envers personne. »
SHAKESPEARE, *HAMLET*, ACTE I, SCÈNE 3

Vous pouvez choisir la direction que prend votre vie

IMAGINONS que vous vouliez aller en Amérique du Sud pour vos vacances. Vous commenceriez par acheter un billet d'avion. Mais pour quelle destination ? Prendriez-vous le risque de monter dans l'avion sans avoir spécifié votre destination ? Cela vous serait-il égal d'arriver au Chili ou en Argentine ?

Lorsque vous réservez votre billet, vous prenez par exemple la décision d'aller au Pérou, mais sans préciser où au Pérou. Cela vous est-il égal d'arriver dans la capitale ou en province ?

C'est parfois toute une aventure de voir où la vie vous mène lorsque vous n'avez pas de destination précise. Le problème est que vous pourriez aussi avoir pas mal d'ennuis en route. Et vous pourriez ne pas apprécier la destination que vous finirez par atteindre.

Pour être certain d'être satisfait, le mieux est de préciser où vous voulez aller.

Et pourtant, combien de gens traversent la vie comme des passagers sans destination, et se contentent d'atterrir là où l'avion les emmène ; ils flottent comme un bateau sans rames sur l'océan, se laissant porter par les courants, en n'ayant qu'une idée très vague de la direction dans laquelle ils vont.

La différence entre désirer et commander

DANS CETTE troisième étape vous commencez à appliquer le processus qui vous permettra de transformer les désirs et les rêves que vous avez décrits dans la deuxième étape en autant de commandes cosmiques. Pour parvenir à ce résultat, il faut ajouter à vos désirs *concentration* et *participation active*.

Un désir n'est qu'une vague envie et n'a pas d'énergie propre. Au contraire, dire « Je le veux » signifie que, quoi qu'il arrive, vous n'aurez de cesse que d'obtenir ce que vous désirez. Un souhait est passif, une commande passée à l'univers est active : vous utilisez la puissance de l'univers pour l'exaucer.

Peut-être « désirez-vous » aller en vacances en Amérique du Sud, mais tant que vous n'aurez pas acheté de billet vous n'irez pas. Peut-être « désirez-vous » acheter une voiture, mais tant que vous n'aurez pas pris la décision, vous n'aurez pas pris d'engagement, et vous pourrez toujours changer d'avis et dépenser l'argent du crédit pour partir en vacances.

Une commande cosmique est la décision que vous aurez, serez ou ferez quelque chose de nouveau dans votre vie ; vous changerez, d'une façon ou d'une autre, vous obtiendrez un résultat que vous n'avez pas obtenu jusqu'à présent.

Chaque fois que vous transformez un désir en commande cosmique, vous donnez des instructions claires à l'univers pour qu'il vous fournisse ce que vous désirez, de la même façon qu'un billet d'avion comporte la mention claire de l'endroit où vous voulez que le pilote vous amène. Vous ignorez peut-être le détail de la trajectoire qu'il empruntera, mais le billet lui ordonne de vous emmener exactement à la destination que vous désirez.

Le processus qui transformera vos désirs en commandes cosmiques comprend cinq éléments.

1 : SOYEZ LE PLUS PRÉCIS POSSIBLE

Dès que vous commencez à penser à vos rêves et à les coucher par écrit, vous devenez le créateur de votre futur par un acte délibéré. Afin d'obtenir plus de ce dont vous voulez vraiment, assurez-vous d'être aussi précis que possible lorsque vous pensez à chacun des rêves que vous avez notés. Pourquoi est-ce si important ? Parce que vous obtiendrez exactement ce que vous avez demandé. Vous connaissez certainement l'histoire du roi Midas, l'homme qui transformait tout ce qu'il touchait en or.

L'histoire du roi Midas

Le roi Midas adorait l'or. Il possédait déjà des caves remplies d'or, mais il n'en dépensait jamais la moindre pièce. Son passe-temps préféré consistait à contempler son or, à le compter, à le toucher, et la pensée qu'il en était le possesseur était son plus grand bonheur.

Un jour, il trouva dans son jardin un satyre, une créature mi-homme, mi-chèvre, qui s'appelait Silène et était le précepteur du dieu Dionysos. Le roi Midas rendit le satyre à son disciple et Dionysos, pour exprimer sa gratitude, lui accorda un vœu. Midas sut immédiatement quoi demander : toujours plus d'or !

« Je voudrais transformer tout ce que je touche en or ! », dit-il. Dionysos s'étonna : « Es-tu bien sûr que c'est ce que tu désires ? » Midas insista.

Il s'en retourna au palais, se réjouissant à l'avance des montagnes d'or qu'il allait pouvoir ajouter à ses richesses.

Sur le chemin du retour il traversa les jardins du palais et passa sous une tonnelle de roses. L'une d'elles pendait sur sa tige à demi brisée, et le roi tendit la main pour la cueillir. La fleur lui tomba dans la main, de rose rouge elle était devenue or.

Enthousiaste, le roi cueillit une autre rose, puis une pomme, puis une poire. Tout fut changé en or. Lorsqu'il les plaça dans ses poches, son manteau fut lui aussi changé en or.

Midas fit son entrée dans le palais chargé de toutes sortes de magnifiques fruits et fleurs, tous d'or. Il prit sa place à la tête de la table à laquelle sa famille et ses courtisans l'attendaient. Il était impatient de montrer son nouveau don à tous ses sujets. Il prit son verre de vin, attendant de voir la réaction de ses convives lorsque celui-ci se changerait en or. Et de fait, à peine l'eut-il touché que le verre devint d'or massif. Mais lorsque ses lèvres touchèrent le vin, celui-ci fut aussitôt changé en or liquide, qui lui brûla la bouche. Il essaya d'attraper la nourriture présentée dans son assiette, mais la viande et le pain se transformèrent en métal dur et froid. Il poussa un cri de surprise. Sa fille chérie, entendant son cri, se précipita vers lui, demandant : « Papa, t'es-tu fait mal ? » Mais lorsque Midas voulut la prendre dans ses bras, avec horreur il saisit une statue d'or, là où quelques instants auparavant se tenait une enfant vivante.

Midas, pris de désespoir, retourna auprès de Dionysos pour le supplier de le délivrer de ce don maléfique. Dionysos fut pris de pitié et lui dit de se baigner dans un ruisseau voisin.

L'eau se chargea d'or lorsque Midas s'y baigna et lorsqu'il sortit du ruisseau, son don avait disparu. Lorsqu'il revint au palais, il retrouva sa fille, à nouveau vivante. Midas décida alors de faire ouvrir ses caves et fit don de la plupart de son or. Il se fit la promesse que plus jamais il ne serait aussi avare.

Pour rendre vos rêves plus précis, jetez un œil à votre potion de rêves, p. 54. Relisez chaque rêve l'un après l'autre. Prenez le temps de vous poser cette question :

« Quels sont les détails que je peux ajouter à ce rêve pour le rendre le plus précis possible ? »

Plus loin dans ce chapitre vous apprendrez comment transformer chacun de vos désirs en commande spécifique.

2 : AJOUTEZ UNE DATE DE LIVRAISON

« Quand voudrais-je obtenir ceci ? » Choisir, ou pas, une date de livraison fait partie des détails qui vous permettront de rendre votre rêve plus précis. L'univers n'aura aucun problème à vous exaucer, car il a accès aussi bien au futur qu'au présent et au passé : dans cette partie de l'univers qui traite votre commande, le temps n'existe pas.

Vous avez toujours deux options lorsque vous passez une commande cosmique :

- Vous pouvez simplement passer commande sans vous inquiéter de la date à laquelle votre commande vous parviendra. L'univers peut sans difficulté régler ces détails pour vous dès que vous aurez visualisé votre commande comme faisant partie de votre vie présente.
- Vous pouvez aussi demander à l'univers de livrer votre commande à une certaine date. Une commande cosmique peut être aussi précise que vous le désirez. Si vous voulez un nouvel emploi d'ici au 8 septembre prochain, c'est possible, tant que vous respectez les étapes décrites dans le livre. Et même, comme vous le verrez dans la partie finale du livre, vous pouvez passer un grand nombre de commandes, les unes après les autres, pour qu'elles soient livrées dans six mois, dans un an, dans dix ans, et l'univers s'exécutera pour honorer vos commandes à l'heure et pour qu'elles correspondent exactement à vos souhaits. Il se peut cependant que,

si la date approche mais que vous n'êtes pas prêt à recevoir votre commande, le processus soit bloqué.

La sagesse de l'univers

Pensez toujours qu'il est possible que l'univers sache mieux que vous quel est le meilleur moment pour vous livrer : peut-être a-t-il quelque chose de mieux à vous proposer. Le rôle de l'univers dans le processus de cocréation consiste à s'assurer que tout est pour le mieux, mais cela peut ne pas vous paraître évident. L'univers fonctionne par amour, il ne juge pas.

Lorsque l'univers ne livre pas votre commande, vous pouvez le voir comme une intervention de votre ange gardien ou de votre âme, qui ont vos intérêts à cœur, et qui prennent en compte certaines circonstances dont vous n'avez pas conscience. Parfois l'univers nous fait d'abord traverser une série d'expériences ou d'épreuves afin de nous faire acquérir la maturité nécessaire pour recevoir notre commande. À chaque expérience, votre capacité à créer une image plus précise et plus positive de ce que vous voulez vraiment progresse et s'affine.

Voici un scénario : *Vous habitez une petite ville en Bretagne, et vous travaillez à temps plein dans une petite entreprise, au service marketing.*

Ce que vous désirez plus que tout, c'est de changer complètement votre vie. Vous voulez travailler comme conférencier autonome et voyager en Europe, en Asie, au Moyen-Orient.

Vous pouvez déjà décider de certains détails de votre rêve, car vous avez beaucoup d'imagination et vous avez vu, à la télévision ou dans des magazines, les endroits que vous désirez visiter.

Mais vous voulez que tout cela se produise en l'espace d'un an seulement. Est-ce possible ? Oui, tout à fait. Mais seulement si les images dans votre esprit suscitent assez de foi, de désir et de passion.

Comment associer des sentiments positifs à vos images

Il se peut que vous désiriez vraiment que votre rêve se réalise dans ce délai, et le désir est un élément important. Mais il faut aussi que vous *ressentiez* le rêve comme s'il était déjà réalité (vous en apprendrez plus sur ce point à l'étape 6, « Passez votre commande »).

Un sentiment est associé à chaque pensée. Le degré de sentiment que vous mettez dans votre commande cosmique décide du degré de succès avec lequel celle-ci vous sera livrée. Se contenter de réfléchir à ce que vous désirez ne suffit pas.

Votre rêve doit être aussi vrai, pour vous et dans votre imagination, que s'il s'agissait d'un souvenir vivace de quelque chose qui vous est réellement arrivé dans le passé. Plus vous aurez eu d'expériences similaires dans le passé, plus vos images auront de réalité. Par exemple, si vous avez déjà voyagé en Asie, vous pourrez plus facilement recréer ce sentiment. Peut-être n'y avez-vous jamais travaillé, mais vos images seront plus convaincantes que si vous aviez seulement vu des pays d'Asie à la télévision.

Lorsque vous attendez une commande, il se peut que l'univers ne la remplisse pas exactement de la façon dont vous l'envisagiez. Mais si vous y regardez de plus près, vous vous rendrez peut-être compte que ce que vous avez reçu est en fait mieux que ce que vous aviez commandé. L'univers vous aide toujours sur la voie de la maturité et du développement de soi.

Ainsi le progrès de notre employé breton vers son nouvel emploi et ses voyages autour du monde pourra ressembler à ceci :

Progresser vers sa commande

Il reçoit d'abord une offre d'emploi : devenir formateur autonome, à condition de déménager dans une autre ville. Ce n'est pas vraiment la formation qu'il rêvait de dispenser, mais c'est déjà ça. (Cela lui permet de savoir ce que c'est que d'être son propre patron dans la réalité, et de voyager.)

Il exerce ce métier pendant un an, puis l'opportunité s'offre à lui de travailler pour plusieurs compagnies. L'une d'elles a une succursale à Dubai. Il s'y rend deux fois en déplacement pendant les premiers mois. (Il a maintenant fait l'expérience de travailler ailleurs qu'en France.)

Il contacte une compagnie de communication à Dubai, qui a aussi des succursales à Londres et à Hong Kong. Il demande s'ils peuvent le recommander comme formateur, au vu de l'expérience qu'il a acquise. Ils le recontactent pour lui proposer d'animer un séminaire à Dubai. (L'univers lui a donné l'opportunité de s'adapter à son nouveau rôle.)

Il a beaucoup de succès à Dubai et après six mois il demande à la compagnie s'ils peuvent lui faire de la publicité auprès de leurs deux autres succursales.

Après avoir voyagé dix-huit mois, il s'est constitué une longue liste de clients satisfaits. (Il goûte maintenant le succès dans le métier qu'il a choisi et a une image beaucoup plus précise de son rêve.)

Il commence à diversifier ses activités et en l'espace d'une année supplémentaire, il a mis au point une série de formations et de séminaires beaucoup plus proches de sa philosophie personnelle.

Un jour, un homme d'affaires le contacte. Il lui dit apprécier énormément le style de ses séminaires et lui propose l'argent qui lui permettrait d'animer des séminaires partout dans le monde, dans tous les pays dont notre héros avait rêvé il y a de cela quelques années. Son rêve est devenu réalité.

Astuce : Rêvez grand

Si vous demandez quelque chose de significatif qui pourrait changer votre vie, passez une commande plus grande, avec une date de livraison plus éloignée que pour une petite commande. Il est facile à l'univers de livrer de grosses commandes si elles sont assez éloignées dans le futur, parce qu'il peut entre-temps vous apporter les expériences qui vous permettront d'acquérir la maturité nécessaire pour recevoir votre commande.

Donnez-vous du temps

Rêvez plus grand et mettez vos rêves les plus fous par écrit pour les transformer en commandes. Tout cela sans oublier de donner le temps à l'univers de vous faire parvenir votre commande.

Si l'on revient à la métaphore du voyage en avion, aller de Paris à Londres ne prend pas beaucoup de temps parce que la distance est relativement courte. En revanche, pour aller d'Angleterre en Australie, il vous faudra beaucoup plus de temps. Pendant le vol vous pouvez vous reposer tandis que le pilote poursuit sa trajectoire pour vous amener à bon port. Peu vous importe qu'il y ait des escales, tant que vous arrivez en Australie.

En fait, sur de longs trajets comme celui-ci, le pilote doit souvent modifier sa trajectoire pour bénéficier des meilleures conditions de vol, mais il corrige toujours son cap pour que l'avion atterrisse à l'heure prévue.

3 : METTEZ VOTRE COMMANDE COSMIQUE PAR ÉCRIT

Mettez toujours votre commande par écrit. En l'écrivant, au lieu de vous contenter d'y penser, vous faites état de votre intention à l'univers de façon beaucoup plus puissante. Souvent on se rend compte que mettre quelque chose par écrit oblige à examiner ses sentiments de façon beaucoup plus approfondie que lorsqu'on ne fait qu'y penser. Cela vous permet de relire de temps en temps d'un œil neuf ce que vous avez écrit, mais le simple acte de coucher quelque chose sur le papier constitue en soi un engagement inconscient.

Écrivez-le au présent

Lorsque vous mettez votre commande par écrit, utilisez toujours le présent et la première personne : « J'ai maintenant… Je suis maintenant… »

Vous donnez ainsi à l'univers l'instruction de vous livrer votre commande le plus vite possible. Le cosmos s'efforcera de réaliser votre souhait, parce que d'une certaine façon vous avez déjà ce que vous avez demandé. Ce que vous désirez vous attend dans l'entrepôt, votre commande est prête à être livrée.

Entraînez-vous à transformer vos désirs en commandes. Reprenez trois de vos rêves (reportez-vous à votre potion de rêves, p. 54) et faites-en des commandes cosmiques. N'oubliez pas d'être très précis, et agissez dès maintenant pour obtenir ce que vous voulez.

Rêve	**Commande détaillée, au présent, à la première personne**
Exemple : *Je veux une nouvelle voiture.*	*Nous sommes en juillet 2009. Je possède maintenant une nouvelle Mercedes, couleur argent, immatriculée cette année.*
Rêve 1	**Détails de la commande**
Rêve 2	**Détails de la commande**
Rêve 3	**Détails de la commande**

4 : QUE FAIRE SI VOUS SAVEZ CE QUE VOUS NE VOULEZ PAS MAIS QUE VOUS NE SAVEZ PAS CE QUE VOUS VOULEZ ?

Il peut arriver que vous sachiez très précisément ce que vous ne voulez pas, au lieu de savoir ce vers quoi vous voulez aller. Vous pouvez par exemple vous dire : « Je ne veux pas être pauvre. Je ne veux plus de relation comme celle-ci. Je ne veux plus faire ce travail. »

Que se passe-t-il si vous passez commande pour quelque chose dont vous ne voulez pas ?

Vous obtiendrez toujours ce que vous demandez, faites donc très attention de demander ce que vous voulez vraiment.

Nous avons vu que l'univers fonctionne selon la loi de l'attraction (pp. 25-26). Vous attirez exactement ce que vous demandez et l'univers ne sait pas reconnaître les négations.

Ainsi, si vous vous mettez à penser : « Je ne veux plus d'une relation comme celle-ci », l'univers ne prendra pas en compte le « ne… plus » et ne comprendra que « une relation comme celle-ci ».

Ce mécanisme est naturel et fréquent. Par exemple, ne pensez pas à un éléphant rose à côté d'un arbre. Non, vraiment, faites un effort : ne pensez pas à un éléphant rose à côté d'un arbre. Alors, à quoi avez-vous pensé ? Et voilà…

Maintenant, pensez à un éléphant bleu qui tient un bâton avec sa trompe. Il est toujours plus efficace de se concentrer sur ce que vous voulez obtenir, plutôt que sur ce que vous voulez éviter.

Vérifiez bien la façon dont vous avez décrit vos rêves. Si vous vous rendez compte que certains sont à la forme négative, transformez la phrase pour qu'elle décrive ce que vous voulez, à la forme positive.

Transformez les souhaits négatifs en souhaits positifs

Si à l'étape 2 vous avez décrit un rêve à la forme négative, réécrivez-le ici à la forme positive, avec le plus de détails possible.

Je ne veux pas	**Ce que je veux à la place**
Exemple : *Je ne veux plus vivre dans une ville polluée. Actuellement j'habite un petit appartement dans une ville bruyante, sans verdure.*	*Nous sommes en novembre 2010. J'habite maintenant une maison avec un étage à la campagne. Partout autour, il y a des champs. La maison a deux chambres et deux salles de bains. Elle m'appartient, j'ai fini de payer le crédit.*

Qu'ai-je obtenu la dernière fois ?

Une bonne façon d'être plus précis dans la formulation de vos souhaits est de faire une liste de ce que vous avez créé jusqu'à maintenant dans tous les domaines de votre vie.

Vous pouvez ensuite parcourir la liste pour vérifier quelles sont les choses que vous voudriez garder, et quelles sont celles dont vous voudriez vous débarrasser. Pour toutes celles dont vous ne voulez plus, écrivez à la place ce que vous désirez. Vous pouvez maintenant formuler votre commande cosmique à partir de votre nouvelle liste. Vous pourrez le faire à la fin du chapitre.

Qu'ai-je créé jusqu'à maintenant dans ce domaine ?	Qu'est-ce que je désire maintenant ?
Exemple : finances *Je suis souvent à découvert et j'ai emprunté une somme considérable à un ami.*	*Mon compte en banque est toujours créditeur, j'ai remboursé toutes mes dettes et cette année j'ai économisé 10 % de mon revenu.*

----

5 : VÉRIFIEZ QUE VOUS DÉSIREZ VRAIMENT CE QUE VOUS ALLEZ COMMANDER

Nous avons une pléthore de choix aujourd'hui. Que faire ? Devenir banquier ou s'occuper d'orphelins en Afrique ? Écrire un livre ou devenir jardinier ? Se marier ? Divorcer ? Avoir des enfants ?

Pourquoi désirez-vous ce que vous désirez ?

En quoi obtenir ce que vous désirez changera-t-il votre vie ? Quel impact aura sur votre vie la nouvelle voiture, la nouvelle maison, la nouvelle relation, le nouveau travail, le succès en sport ou en affaires que vous avez demandé ?

Demander autre chose que des richesses matérielles

Passer une commande à l'univers consiste-t-il seulement à présenter au cosmos une longue liste de biens de consommation ? Bien sûr, vous pouvez demander une nouvelle voiture ou une nouvelle cuisine. Si vous les commander, vous avez de grandes chances de les obtenir.

Mais la plupart des gens, en demandant au cosmos une nouvelle voiture ou une nouvelle cuisine, cherchent en fait quelque chose de plus profond, un sens à leur vie. Ils espèrent que toutes les possessions ou les expériences qu'ils demandent leur procureront quelque chose de plus important, qu'elles rempliront un vide dans leur vie.

Comme nous l'avons vu plus haut, faites attention lorsque vous demandez quelque chose, car il se pourrait bien que vous l'obteniez.

Nous désirons tout ce que nous désirons pour une bonne raison. Cette raison est toujours, sans exception, liée à un sentiment. Peut-être êtes-vous persuadé qu'une nouvelle voiture vous apportera le bonheur. Peut-être pensez-vous qu'avoir des enfants vous comblera de joie. Même chose pour l'argent : qu'allez-vous acheter avec, et quels sentiments vous procureront ces objets ?

Il est peu probable que vous puissiez donner du sens à votre vie, trouver le contentement, la joie ou le bonheur en consommant toujours plus. Si en passant une commande vous sentez (comme c'est presque toujours le cas) que ce que vous désirez est en fait un sentiment, il est bon de l'inclure dans la commande.

La première étape consiste à décider quels sont les sentiments que vous voulez créer dans votre vie. Encore une fois, il se peut que vous cherchiez plutôt à éviter un sentiment. Peut-être que trouver l'âme sœur vous permettra d'éviter la solitude. Peut-être qu'une nouvelle carrière vous évitera de vous croire minable. Vérifiez que la commande que vous passez correspond bien aux sentiments que vous voulez éprouver. Posez-vous la question de savoir pourquoi telle ou telle chose est importante pour vous. Pourquoi désirez-vous ce que vous désirez ? Qu'est-ce que cela va vous apporter ? Qu'est-ce que cela va vous permettre d'être ou de faire dans votre vie, que vous n'êtes pas ou ne faites pas, ou moins, à présent ?

Est-ce que ce que vous avez commandé vous apportera réellement ce que vous désirez ?

Pour quelles raisons désirez-vous ce que vous désirez ? Voici quelques exemples pour alimenter votre réflexion. Entourez ceux qui vous semblent adéquats, et ajoutez les vôtres à la liste.

Apprendre
Vérité
Liberté
Amour
Joie
Servir
Plaisir
Relever des défis
Sagesse
Rendre le monde meilleur
Exploiter mes capacités
Sécurité
Enthousiasme
Contentement
Indépendance
Changement
Créativité
Maîtrise
Synergie
Bonheur
Amusement
Simplicité
Joie de vivre
Harmonie

À quel point désirez-vous votre commande ?

Chaque commande et chaque intention que vous envoyez à l'univers doivent être soutenues par la force et l'énergie de votre désir. Posez-vous la question : « Lorsque je recevrai ma commande cosmique, quel sentiment vais-je éprouver ? »

Pensez à l'un des rêves que vous avez décrits. Notez ci-dessous le sentiment que vous souhaitez éprouver en réalisant ce rêve.

Rêve

Pourquoi m'est-il important ?

Quel est le sentiment que je veux susciter en passant cette commande ?

Foire aux questions

Y a-t-il une limite au nombre de commandes que je peux passer ?

La réponse est non. De toute façon, vous êtes déjà en train de passer tout un tas de commandes à la fois, par vos pensées inconscientes. L'univers est l'abondance même. Il ressemble à un énorme entrepôt cosmique qui jamais ne peut se vider. Vous pouvez visualiser chacune de vos journées remplie de bonnes choses et de sentiments agréables, et tant que vous vous attendez sincèrement à ce que cela se produise, cela suffit à transmettre votre commande à l'univers, qui s'exécutera.

Est-ce que je peux demander que quelque chose de mauvais arrive à quelqu'un ?

C'est possible, mais vous ferez plus de mal à vous-même qu'à votre ennemi. Vous connaissez le proverbe « Tel est pris qui croyait prendre ». Cette règle est une loi karmique universelle : c'est le système naturel de justice de l'univers. Si vous souhaitez du mal à quelqu'un, ce mal vous sera rendu, décuplé.

En plus de vous attendre à recevoir ce que vous désirez, attendez-vous consciemment à recevoir de l'univers les sentiments positifs que vous désirez. Chaque fois que vous écrivez votre commande cosmique, remerciez à l'avance pour tous les sentiments positifs qui vont apparaître dans votre vie. Formulez pleinement ces remerciements, par exemple : « Merci d'avoir rendu ma vie agréable, pleine de joie et de bonheur, chaque jour et chaque heure. »

L'univers fera tout son possible pour vous apporter ces sentiments.

L'histoire de David : À la recherche de la femme parfaite

Mon divorce est une expérience qui m'a profondément traumatisé. J'ai eu quelques aventures et je voulais vraiment rencontrer la femme de mes rêves, mais je n'étais pas prêt à refaire le difficile chemin que j'avais fait jusque-là. Je décidai donc d'être très précis. Je rédigeai la description qui correspondait à mon idée de la femme parfaite, en spécifiant toutes les caractéristiques, physiques, émotionnelles et mentales. Et parce que je suis végétarien, j'ajoutai aussi ce détail.

Pas un instant je n'ai cru que cette femme pouvait réellement exister, mais j'ai l'habitude de ne pas faire les choses à moitié, et donc ma description était aussi détaillée que possible. Je m'inscrivis à un site de rencontres en ligne, mais je ne rencontrai personne qui correspondait à mon idéal.

Puis un jour, en faisant la queue à la Poste, je tombai sur un vieil ami, accompagné d'une femme superbe. Nous nous mîmes à bavarder, puis nous décidâmes d'aller prendre un verre. Je découvris alors que la jeune femme n'était en fait pas sa partenaire. Maintenant c'est la mienne, et elle correspond mot pour mot à ma description !

Les listes de votre vie

LE MOMENT est venu de faire la liste de toutes les commandes cosmiques que vous passerez dans tous les domaines de votre vie. Vous pouvez utiliser les exemples des pages suivantes pour vous inspirer ; les domaines mentionnés sont importants pour la plupart des gens, mais vous pouvez compléter les exemples avec les domaines de votre choix. Faites autant de listes que vous le désirez. Prenez toute la place dont vous avez besoin pour donner le plus de détails possible.

Astuce : Prenez note

C'est une bonne idée de rédiger ces listes au crayon de papier, ou d'en faire des photocopies, parce que vous pourriez avoir envie de les modifier ou d'ajouter de nouvelles rubriques au fur et à mesure.

Reportez-vous à tout ce que vous avez pensé et écrit jusqu'ici dans les étapes précédentes.

Amour, amitié

Ce que j'ai été, fait, eu dans mes relations passées	Mes commandes cosmiques : qu'est-ce que je désire aujourd'hui ? (Décrivez vos désirs en détail, au présent et à la première personne.)
Exemple **Être** : *j'ai été malhonnête.* **Faire** : *je n'ai pas tenu mes promesses, je n'ai pas exprimé ce que je désirais.* **Avoir** : *j'ai eu des relations courtes.*	*Je suis maintenant heureux, dans une relation longue, nous nous sommes engagés l'un envers l'autre, nous communiquons avec sincérité et honnêteté ; nous nous disons « Je t'aime » facilement, et lorsque nous nous sentons vulnérables ou blessés nous le disons ouvertement.*

Pourquoi est-ce important pour moi ?	**Quels sont les sentiments que je désire obtenir ?**	**Comment ma vie va-t-elle changer lorsque j'obtiendrai cela ?**
C'est important pour moi de pouvoir partager mes sentiments avec quelqu'un, de savoir que je ne suis pas seul et que quelqu'un m'aime, pour longtemps.	*Amour, joie, bonheur.*	*Je vais apprendre à partager plus, à m'engager et à affronter ma peur de communiquer avec honnêteté.*

Carrière, travail

Ce que j'ai été, fait, eu dans mes emplois passés	Mes commandes cosmiques : qu'est-ce que je désire aujourd'hui ? (Décrivez vos désirs en détail, au présent et à la première personne).
Exemple **Être** : *j'ai été très travailleur.* **Faire** : *j'ai consacré toute mon énergie à ma carrière et j'ai négligé ma vie de famille.* **Avoir** : *j'ai obtenu beaucoup d'argent.*	*J'occupe maintenant un poste où je travaille trois jours par semaine pour la moitié de mon salaire précédent.*

Pourquoi est-ce important pour moi ?	Quels sont les sentiments que je désire obtenir ?	Comment ma vie va-t-elle changer lorsque j'obtiendrai cela ?
Je veux avoir de l'énergie à consacrer à d'autres aspects de ma vie.	*Énergie, enthousiasme pour ma vie sociale, passion pour ce que j'aime faire.*	*J'aurai une vie plus équilibrée, avec des satisfactions dans tous les domaines.*

L'histoire de Suzanne : Un emploi à temps partiel

Après mon dernier emploi, j'ai pris la résolution solennelle de ne plus m'épuiser à la tâche. Je voulais un nouvel emploi mais avec un salaire décent. J'avais encore un crédit immobilier à rembourser.

Je commençai à chercher des postes de chef de projet à mi-temps, mais bien sûr je ne trouvai pas ce que je cherchais. Puis un ami me permit de rencontrer des gens dans une entreprise très prestigieuse. Je lui demandai s'il était possible que je trouve un poste à mi-temps, il me répondit que c'était hors de question. Je décidai d'aller quand même à l'entretien, parce que je n'avais pas eu d'entretien d'embauche depuis un long moment et que j'avais besoin de m'entraîner.

L'entretien se passa très bien. Nous en vînmes même à parler du salaire. Je demandai une somme énorme, le double de mon salaire précédent, et je leur dis (parce que je n'étais pas très intéressée) que j'avais déjà reçu une offre supérieure pour un poste à mi-temps dans une autre entreprise. Ils ont eu l'air très impressionné.

C'est à ce moment que je décidai de prononcer le mot fatidique : « mi-temps ». Comme je m'y attendais, ils ne semblaient pas intéressés du tout. Mais soudain le DRH eut une idée : « Au lieu de trois jours par semaine, que diriez-vous de quatre ? Bien sûr, votre salaire serait 20 % moins élevé que ce dont nous venons de parler. Il se trouve que dans l'une de nos succursales une employée désire réduire son temps de travail parce qu'elle s'occupe de sa mère, âgée et malade, mais il nous est impossible de nous passer d'elle, parce qu'elle a un poste-clé. Est-ce que cela vous dérangerait de travailler dans la ville voisine ? »

Bien sûr, cela ne me dérangeait pas du tout, et je me retrouvai soudain dans une petite succursale, avec une ambiance très agréable, pour partager mon travail avec une femme extraordinaire.

L'histoire de Janet : Le salaire à six chiffres

Il y a quelques années, je travaillais aux ressources humaines dans une entreprise spécialisée dans la finance, au nord de l'Angleterre. Je savais que je voulais du changement et une promotion, mais bien que j'eusse envoyé ma candidature à plusieurs postes, je n'avais eu aucune réponse.

Puis je découvris comment passer des commandes cosmiques. Je visualisai mon nouvel emploi. Je savais exactement ce que je voulais : un emploi de chef de service dans le même domaine. Je m'imaginai en détail ce à quoi mon nouveau poste ressemblerait. Je me visualisai dans mon luxueux bureau, en train de gérer tout un service. J'entendais même ce que disaient les gens et j'avais vraiment l'impression d'y être !

Je visualisai le mois suivant comme date de livraison. Je me représentai la date comme une grosse croix sur la ligne de temps qui allait du présent vers l'avenir. Puis, pour m'amuser, tant que j'y étais, je décidai de doubler mon salaire, de 50 000 livres à 100 000 livres. Je ne pensais pas vraiment l'obtenir, mais je savais que certains responsables haut placés dans mon domaine touchaient de tels salaires.

Trois semaines plus tard, de façon tout à fait inattendue un chasseur de têtes me contacta. Il me proposait un poste très intéressant, dans la City, à Londres, comme directrice des ressources humaines dans une grosse compagnie d'assurances.

Lors de l'entretien, ils me demandèrent quel salaire je voulais. Je ne savais pas trop, donc je donnai une réponse vague. Le lendemain, le chasseur de têtes me rappela : « Vous avez le poste, me dit-il ; mais ils hésitent encore sur le salaire : est-ce que 100 000 livres vous conviendraient ? »

Argent, finances

Ce que j'ai été, fait, eu en rapport avec mon argent par le passé	Mes commandes cosmiques : qu'est-ce que je désire aujourd'hui ? (Décrivez vos désirs en détail, au présent et à la première personne.)
Exemple **Être** : *j'ai été négligent et j'ai perdu de l'argent.* **Faire** : *j'ai dépensé sans compter.* **Avoir** : *j'avais beaucoup d'argent et je l'ai gaspillé.*	*Je maîtrise maintenant mes finances. Je vérifie régulièrement mes relevés de compte. Je fais de bons investissements. J'ai un salaire de 30 000 euros par an et j'économise 200 euros par mois.*

Pourquoi est-ce important pour moi ?	**Quels sont les sentiments que je désire obtenir ?**	**Comment ma vie va-t-elle changer lorsque j'obtiendrai cela ?**
Je veux être responsable, riche et je veux que mon argent travaille pour moi, je veux avoir de l'argent de côté et pour ma retraire.	*Tranquillité d'esprit, bonheur.*	*Je vais mieux contrôler les différents domaines de ma vie, parce que j'aurai appris à être attentif aux choses importantes.*

Forme, santé

Ce que j'ai été, fait, eu pour ma forme et ma santé par le passé	Mes commandes cosmiques : qu'est-ce que je désire aujourd'hui ? (Décrivez vos désirs en détail, au présent et à la première personne).
Exemple **Être** : *j'ai été paresseuse.* **Faire** : *j'ai fait un peu de sport, de façon irrégulière et sporadique.* **Avoir** : *j'ai obtenu de bons résultats en faisant du sport. J'ai obtenu une jolie silhouette et j'ai perdu 5 kilos.*	*Je suis maintenant en forme, avec de jolis muscles, bien modelés. Je pèse 54 kilos et j'ai un indice de masse corporelle de 21. Je fais du sport trois fois par semaine : je vais à la salle de gym deux fois par semaine, et le week-end je fais du jogging.*

Pourquoi est-ce important pour moi ?	**Quels sont les sentiments que je désire obtenir ?**	**Comment ma vie va-t-elle changer lorsque j'obtiendrai cela ?**
Je veux rester en bonne santé toute ma vie. Je veux atteindre et garder mon poids et ma silhouette idéaux.	*Vitalité.*	*J'aurai plus d'énergie, je me sentirai très en forme. Ainsi je me sentirai mieux au travail, j'aurai une meilleure vie sexuelle et une meilleure relation avec mon partenaire.*

Développement personnel et spirituel

Ce que j'ai été, fait, eu par le passé pour mon développement personnel et spirituel	Mes commandes cosmiques : qu'est-ce que je désire aujourd'hui ? (Décrivez vos désirs en détail, au présent et à la première personne.)
Exemple **Être** : *j'ai toujours été intéressé par mon développement.* **Faire** : *j'ai suivi plusieurs cours par lesquels j'espérais progresser, et j'ai obtenu quelques résultats positifs.* **Avoir** : *j'ai eu, à 30 ans, une expérience spirituelle qui m'a fait beaucoup avancer.*	*Je participe maintenant à un groupe de développement spirituel de façon régulière : nous nous retrouvons une fois par semaine, nous méditons ensemble et discutons des grands problèmes de la vie.*

Pourquoi est-ce important pour moi ?	**Quels sont les sentiments que je désire obtenir ?**	**Comment ma vie va-t-elle changer lorsque j'obtiendrai cela ?**
Je veux progresser en tant qu'être humain.	*Contentement, estime de soi, félicité.*	*Je vais porter sur la vie un regard neuf, savoir ce qui est important, et j'aurai plus de facilité à décider quoi garder et quoi changer dans ma vie.*

Résumé de l'étape 3

- Soyez aussi précis que possible dans votre commande. Que voulez-vous créer dans votre vie ? Que voulez-vous être, faire et avoir dans l'avenir ?

- Quand voulez-vous obtenir ces résultats ?

- Plus vous êtes précis sur ce que vous désirez, plus il sera facile à l'entrepôt cosmique d'honorer votre commande.

- Faites bien attention de consigner votre commande par écrit, au présent, à la première personne et à l'affirmative. Si vous savez seulement ce dont vous ne voulez pas, demandez-vous ce que vous désirez à la place.

- Pourquoi voulez-vous ce que vous voulez ? Que pourrez-vous être, faire et avoir de plus lorsque le cosmos vous livrera votre commande ?

- Quels sont les sentiments que vous voulez susciter en obtenant votre commande ?

- À quel point désirez-vous ce que vous désirez : un peu, beaucoup, passionnément ?

ÉTAPE 4

Prenez vos pensées en main

« Nous ne voyons pas les choses telles qu'elles sont, mais telles que nous sommes. »

LE TALMUD

Vous obtenez ce à quoi vous pensez

VOUS AVEZ déjà rencontré l'une de ces femmes qui essaient tous les régimes les uns après les autres. Elle prétend avoir un métabolisme lent. Elle fait régime sur régime, mais ne perd jamais un gramme. Parfois, par miracle, elle perd un peu de poids, puis le reprend rapidement. Elle pense que c'est à cause de ses gènes.

Elle fait attention à tout ce qu'elle mange, ce qui veut dire qu'il est quasiment impossible d'aller au restaurant avec elle. Elle ne mange que des aliments pauvres en calories. Pas de glucides, pas de lipides, pas de sucres rapides. Récemment elle s'est mise à éviter même les fruits, à cause du sucre. Elle a tout essayé, le régime dissocié, le régime protéique Atkins, la soupe au chou...

Au fond, qu'est-ce qui se passe ? Vous savez maintenant que notre univers est constitué de pensées. Elle est tellement persuadée que tout ce qu'elle met dans sa bouche peut la faire grossir qu'inconsciemment elle attire les kilos. Elle pense constamment à la nourriture, ce qui fait qu'au lieu de manger moins elle mange plus sans s'en rendre compte. Son amie, qui ne pense jamais à son poids, reste mince : elle ne pense pas à grossir, et elle mange donc moins, sans jamais faire de régime.

Mais vous connaissez aussi celle qui a tout le temps des accidents. Elle est sur son trente et un pour sortir, mais si elle porte une magnifique robe blanche, elle fera bien sûr une tache de betterave dessus. Ou bien elle trébuche sur les pavés et le talon de sa chaussure se casse. Elle oublie son sac à main au restaurant, elle perd ses billets de train, elle renverse son café et elle se cogne aux meubles. « Je suis vraiment Miss Catastrophe !, dit-elle. Mes parents me le disaient toujours, et je crois qu'ils ont raison. La dernière fois que j'avais un rendez-vous avec un homme, j'ai par mégarde renversé mon assiette de soupe sur son costume, et quand j'ai voulu éponger la soupe, ses lunettes sont tombées, j'ai fait un pas en arrière et j'ai marché dessus : j'ai vraiment la poisse ! Et je n'ai pas de chance en amour non plus. »

Rappelez-vous que la loi de l'attraction veut que vous obteniez ce à quoi vous pensez. La seule solution pour ces deux personnes est de changer leurs pensées.

Concentrez-vous toujours sur ce que vous voulez obtenir.

Changez vos pensées, vous changerez votre vie

Les pensées contrôlent l'univers. L'univers tout entier est pensée.

Chaque pensée que nous produisons attire un résultat immédiat. Nous ressemblons en cela à des émetteurs radio, et nous envoyons constamment des signaux à l'esprit de l'univers. Dès que nous pensons à quelque chose, cela attire vers nous une certaine énergie.

Si vous êtes persuadé que vous allez prendre du poids, vous grossirez. Si vous êtes persuadé qu'un aliment est mauvais pour vous, vous tomberez malade. Si vous croyez que vous n'arriverez pas à dormir lorsqu'il y a du bruit, vous ne fermerez pas l'œil de la nuit.

Dans ce chapitre nous allons voir comment vous pouvez dégager dans votre inconscient un passage pour que votre commande parvienne à l'univers. En vous débarrassant de toutes les pensées qui contredisent votre commande, vous allez créer un canal pour la transmission de votre commande à l'univers.

Prenez le contrôle

S'IL Y A une chose sur laquelle vous devez avoir un contrôle total, ce sont bien vos pensées. Vous pouvez toujours être négligent avec vos possessions, mais pas avec vos pensées, parce que vos pensées sont le moyen dont vous disposez pour contrôler votre futur.

Vous avez certainement parmi vos amis ou vos connaissances des personnes dont vous voyez clairement qu'elles sabotent leur propre réussite par les croyances qu'elles ont à propos d'elles-mêmes. Et vous ?

Chacun de nous porte sur la vie un regard qui lui est unique. Vos croyances déterminent quels évènements se produisent dans votre vie. À mesure que vos croyances changent, le monde autour de vous change aussi. Ce sont vos croyances qui créent votre réalité. Dès que vous changez vos pensées, vous plantez les graines du succès et vous donnez forme à votre avenir.

Si vous repensez à tous les changements positifs que vous avez introduits dans votre vie, vous remarquerez chaque fois que le degré de changement est directement proportionnel au changement qui a eu lieu dans vos pensées.

L'histoire de Pam : Et si cette maison n'était pas la bonne ?

Je vis aux États-Unis. Je suis proche de la retraite ; j'ai travaillé depuis le jour où j'ai quitté l'école. J'ai voyagé partout dans le monde, et je suis partie d'un minuscule studio pour arriver dans cette immense maison avec mon mari. J'ai toujours voulu avoir une grande maison, mais bien que j'habite dans une telle maison aujourd'hui, j'ai l'impression qu'elle n'est pas à moi, parce que mon mari a insisté pour que la maison soit entièrement à son nom.

Je me rends compte aujourd'hui que je croyais qu'une jeune fille gentille et comme il faut devait trouver un mari qui s'occuperait d'elle et lui fournirait un foyer. Jamais je n'ai cru que je pouvais y arriver seule.

Ce que vous semez avec vos pensées, vous le récoltez sous la forme de vos conditions de vie. Bien qu'une graine doive être enterrée et cachée dans le sol pendant des semaines ou des mois avant que les pousses ne pointent leur nez, c'est en plantant la graine que l'on a créé les conditions pour qu'une fleur apparaisse ensuite. Il existe une relation entre tout ce que nous faisons et ce qui nous arrive ultérieurement : la même relation existe entre ce que nous pensons et ce qui nous arrive.

Vous ne pouvez croire qu'à ce que vous pouvez concevoir.
Vous ne pouvez concrétiser que ce en quoi vous croyez.

Autrement dit, faites attention à vos pensées, car elles se réaliseront ; vous ne pouvez réaliser que ce que vous pouvez concevoir et en quoi vous pouvez croire. Les conséquences pour votre commande cosmique sont cruciales.

Comment saboter ou faciliter votre commande

Si votre commande ne vous parvient pas exactement comme vous pensez l'avoir envoyée, il se peut que, au fond, vous n'ayez pas vraiment cru que vous aviez droit à cette commande.

Le succès de la livraison dépend de ce que vous croyez possible. Si vous êtes persuadé de pouvoir être riche et que vous demandez qu'une grosse somme d'argent soit créée dans votre vie, le cosmos vous exaucera. Cependant, si vous désirez être riche mais que vous pensez que la pauvreté est votre destin, vous allez bloquer votre commande avec cette pensée.

« Mais pourtant, direz-vous, je crois sincèrement pouvoir devenir riche et j'ai demandé plus d'argent, mais rien ne s'est produit. Je pense à la richesse nuit et jour. »

Cela est sûrement vrai d'une part. Vous pensez vraiment que vous croyez pouvoir être riche. Mais la pensée qui produit le blocage n'est pas nécessairement la pensée dont vous êtes conscient. Les pensées qui nous aident ou qui nous font obstacle sont souvent nos croyances centrales, celles qui sont profondément enracinées dans notre inconscient.

Foire aux questions

Est-ce que la commande cosmique réfute l'idée de dessein divin ou de destinée ?

Bien que ces idées semblent à première vue être contradictoires, de nombreuses religions et philosophies concilient les deux : nous sommes, avec Dieu ou l'univers, les cocréateurs de notre réalité. Autrement dit, nous possédons un libre arbitre et en même temps il existe pour chacun de nous une destinée ou dessein divin, qui préexiste à notre naissance et nous aide à progresser en tant qu'êtres humains. En astrologie, on dit que les planètes incitent mais n'obligent pas : c'est la même chose. Nous sommes libres de découvrir la vie par nous-mêmes et de faire des expériences, et en même temps nous avons déjà mis en place les meilleures conditions pour notre développement spirituel. L'univers mettra sur notre chemin des situations qui nous feront mûrir et nous permettront aussi de faire nos propres choix quant à la réaction à adopter face à ces situations : c'est en cela que réside le libre arbitre.

L'inconscient est puissant

L'inconscient, ou subconscient, est une force incroyable. Certains le décrivent même comme le centre d'énergie du corps tout entier. De même que l'équipage d'un paquebot travaille sans relâche, invisible aux passagers, pour que le bateau suive sa trajectoire sans accroc, c'est l'inconscient qui permet au corps de fonctionner avec une régularité d'horloge. C'est l'inconscient qui régule la circulation du sang, le fonctionnement des organes et qui permet à chaque cellule et à chaque atome de remplir son rôle.

L'esprit conscient serait bien incapable d'accomplir tout cela, et déclarerait forfait en moins d'une seconde. Alors que la partie consciente de l'esprit ne peut traiter que sept informations par seconde environ, la partie inconsciente de l'esprit est capable d'appréhender les millions d'informations qui lui parviennent en même temps.

Pensez un moment à votre respiration. Avant de lire cette phrase vous n'y faisiez probablement même pas attention. Réfléchissez maintenant à ce que cela serait si votre esprit conscient devait se préoccuper de dire à toutes les parties de votre corps tout ce qu'elles doivent faire à chaque instant. Il vous serait impossible de fonctionner.

L'inconscient stocke aussi les souvenirs liés à toutes les expériences que vous avez traversées. Le souvenir de chaque situation, de tout ce que vous avez vu, senti, entendu, goûté, touché, ainsi que toutes vos pensées et croyances, tout est conservé là. L'inconscient enregistre constamment tout ce qui se produit dans votre esprit, comme un magnétoscope. La plupart des souvenirs stockés dans votre inconscient ne remontent jamais à la conscience, mais ils sont là, et vous pouvez y avoir accès. Si vous avez déjà fait l'expérience de l'hypnose, vous savez qu'un vieux souvenir peut ressurgir soudainement avec une clarté parfaite ; il suffit pour cela de donner l'ordre à l'inconscient de le retrouver. Et bien que ce souvenir n'existe que dans votre mémoire et votre imagination, vous revivez la situation comme si c'était la réalité.

Cela signifie que si vos souvenirs sont positifs et agréables, ils peuvent vous servir à entretenir des croyances utiles qui vous permettront d'obtenir vos commandes cosmiques. Mais s'il s'agit de souvenirs désagréables, il se peut que vous ayez en conséquence des croyances qui feront obstacle à votre commande.

Capitaine conscient

Quel est dans tout cela le rôle de l'esprit conscient ? La partie consciente de notre esprit est comme le capitaine d'un bateau qui donne des ordres à son équipage. Le devoir de l'équipage est d'exécuter ces ordres à la lettre : votre « équipage » exécutera vos ordres tant qu'ils ne sont pas en contradiction avec d'autres ordres que vous avez donnés auparavant.

Quand les instructions sont contradictoires

Imaginons que vous passiez commande pour obtenir une belle histoire d'amour. Vous êtes persuadé d'être prêt pour le grand amour. Vous avez fait la liste des caractéristiques que la personne doit avoir. Parmi ces caractéristiques, vous avez inclus le fait que l'homme ou la femme de vos rêves doit être financièrement stable. Vous êtes sûr que c'est une caractéristique importante puisque, par le passé, toutes vos autres relations se sont terminées parce que votre partenaire était trop dépensier. Vous passez donc votre commande, et quelques semaines plus tard le cosmos vous envoie une nouvelle relation. Mais, stupeur et tremblements, il se trouve que votre nouveau partenaire n'a pas plus d'argent que les précédents. Pourquoi ? Lorsque vous avez passé votre commande, celle-ci a été déformée parce que vous avez douté du fait que vous arriveriez à trouver une relation exempte des problèmes que vous avez rencontrés jusque-là. Votre inconscient a entendu votre instruction lui demandant une nouvelle relation, mais il a en même temps enregistré une autre instruction, qui était votre croyance inconsciente : « J'attire toujours des gens dépensiers. » Et, en accord avec la loi de l'attraction, il vous a apporté ce qui correspondait à l'instruction la plus forte : celle qui venait de votre croyance inconsciente.

Voici un exemple : une femme cherche un nouvel emploi. Elle vient d'être licenciée et elle s'inquiète : « Je suis trop vieille, j'ai cinquante ans et je n'ai pas de diplôme. Personne ne voudra d'une employée comme moi. » Elle passe commande pour un nouvel emploi et un entretien d'embauche tombe du ciel. Un ami d'ami pense qu'elle serait la personne idéale pour un certain poste dans l'entreprise dans laquelle il travaille. Le cosmos a donc honoré sa commande. Mais elle se rend à l'entretien persuadée qu'ils vont la trouver trop vieille et pas assez diplômée. Elle est convaincue qu'elle va rater l'entretien et, bien entendu, la prophétie se réalise. Elle interprète l'attitude de son interlocuteur comme hostile, perd ses moyens et rate l'entretien.

C'est la même chose dans tous les autres domaines. Pierre veut désespérément retrouver la santé. Chaque fois que vous le voyez, il vous raconte à quel point il va mal. Il souffre du syndrome de fatigue chronique et est persuadé que ses maux empirent. Il lui est très important de prouver la réalité de ses maux pour pouvoir toucher une indemnité de longue maladie. Les médecins ne sont pas convaincus qu'il est malade, car chaque fois qu'il fait des analyses les résultats ne sont pas concluants, bien qu'il soit établi que Pierre a des besoins en sommeil anormalement élevés. Pierre est de plus en plus agacé par la réaction des gens autour de lui et tient un journal de ses symptômes. Il passe des heures chaque jour à observer les moindres détails qui pourraient prouver à la caisse d'assurance maladie et aux médecins qu'il est réellement malade et qu'il a besoin d'être soigné. En même temps, il veut absolument retrouver la santé, c'est son vœu le plus cher. Et pourtant, lorsqu'il a passé une commande cosmique pour être en bonne santé, il n'a rien obtenu.

Pourquoi ? Une chose est sûre, il passe plus de temps à se visualiser malade plutôt qu'en bonne santé. Chaque jour il cherche à prouver à tout le monde que sa fatigue n'est pas une illusion, et la pensée qu'il doit prouver à tous que ses symptômes sont réels est bien plus forte que l'idée qu'il pourrait se concentrer sur la possibilité d'aller mieux. Bien sûr, il dit vouloir être en bonne santé, mais il admet aussi qu'il serait très embêté s'il recouvrait la santé avant d'avoir prouvé qu'il était malade et s'il devait dire aux médecins : « Je suis guéri. » À l'heure actuelle, il investit plus d'énergie à prouver qu'il a raison, plutôt qu'à être en bonne santé.

Comment débusquer les pensées qui bloquent votre commande cosmique

VOICI quelques croyances répandues que les gens entretiennent à propos d'eux-mêmes :

- je n'ai jamais de chance ;
- je ne mérite pas d'être heureux / riche / de profiter de la vie ;
- je n'y peux rien, c'est mon destin ;
- on ne peut pas être à la fois pauvre et heureux ;
- on tombe malade en vieillissant ;
- on devient seul en vieillissant ;
- si je formule mes désirs, je serai ridicule / exclu ;
- quoi que je fasse, ça ne réussit jamais ;
- je ne peux pas choisir ma vie, j'ai trop de responsabilités ;
- je n'arrive pas à garder un emploi plus de quelques mois ;
- je suis malheureux en amour ;
- je suis trop gentil pour réussir ;
- je ne suis pas assez bon ;
- je ne mérite pas d'être aimé ;
- les autres sont meilleurs que moi.

Certaines de ces idées vous sont-elles familières ? De telles croyances peuvent suffire à saboter votre commande cosmique.

Les croyances qui sabotent vos commandes

Jetons un œil à vos croyances. Rien ne sert de dire « Je veux trouver l'amour » si vous êtes persuadé d'être malheureux en amour ou de ne pouvoir rester avec quelqu'un que quelques mois. En revanche, si vous croyez être un bon partenaire qui a toutes les qualités requises pour vivre le grand amour, ces croyances vont correspondre à votre désir.

Cependant il est fréquent d'avoir des croyances contradictoires sur un même sujet. Par exemple « Je fais ce qu'il faut au début d'une relation, mais je choisis toujours la mauvaise personne » ; ou bien « J'investis beaucoup d'énergie dans la relation, mais lorsque je reste avec quelqu'un j'ai l'impression de ne plus avancer ».

Ces croyances contradictoires sont souvent à l'œuvre chez les gens qui jouent au yo-yo avec leur poids. Ils perdent du poids en faisant un régime, puis le reprennent : c'est le signe que leurs sentiments se contredisent, par exemple : « Je veux perdre du poids. Je sais que si je mange moins je vais automatiquement perdre du poids. Mais je sais aussi que si je perds du poids je vais attirer l'attention et cela me met mal à l'aise. »

Avant de passer quelque commande que ce soit, il est capital d'identifier vos croyances, de façon que, si ces croyances s'avèrent être des obstacles, vous puissiez les modifier pour qu'elles correspondent mieux à la commande que vous allez passer.

Comment modifier les croyances encombrantes ?

Vous pouvez le faire en deux étapes :

1. Commencez d'abord par penser à toutes les croyances qui vous viennent à l'esprit concernant ce que vous désirez.
2. Puis réfléchissez à toutes les croyances contradictoires que vous pourriez avoir et qui s'avéreraient aussi ou plus fortes que les précédentes (voir pp. 123-125).

Nous allons maintenant considérer plusieurs moyens à votre disposition pour vous débarrasser de ces croyances inconscientes. Ces exercices vous permettront d'identifier quelles sont les croyances auxquelles vous adhérez et de décider si certaines vous limitent ou vous empêchent de réaliser vos rêves.

Remue-méninges

Pour découvrir quelles sont vos croyances, voici quelques exercices simples de brainstorming.

1. Pour commencer, détendez-vous et amenez votre conscience vers l'intérieur. Respirez lentement, profondément pour calmer votre mental.
2. Imaginez que vous allumez une énorme lampe spot pour éclairer les moindres recoins de votre inconscient, là où vos croyances inconscientes se cachent. Regardez ce que vous y trouvez. N'oubliez pas que vous faites cela pour vous-même : quoi que vous trouviez, quoi que vous notiez à propos de ce que vous avez trouvé, oubliez le regard des autres. L'important est que vous soyez totalement honnête avec vous-même. En effet, mieux vous identifierez les pensées qui vous ont bloqué par le passé ou vous bloquent encore aujourd'hui, plus rapidement vous progresserez vers vos rêves.
3. Notez ce que vous avez trouvé, mais surtout ne vous jugez pas. Regardez ce que vous avez écrit comme si cela n'avait aucun impact émotionnel pour vous. Prenez conscience de ce que vous pensez et interrogez-vous : pourquoi pensez-vous cela ?

Mieux vous arriverez à remettre en question vos croyances limitantes de façon objective, plus votre univers, votre vie, votre comportement et vos expériences changeront. Changer ne serait-ce qu'une de vos croyances fondamentales vous permettra de corriger de nombreuses autres croyances qui se sont agrégées autour.

Par exemple, si vous modifiez une croyance en « Je suis », comme « Je suis laid », l'effet se fera très probablement sentir dans de nombreux aspects de votre vie, comme si vous enleviez une maille d'un tricot : le reste se défait, il suffit de tirer sur un seul fil.

Quelles croyances avez-vous à propos de vous-même ?

Essayez l'exercice suivant :

1. Reportez-vous aux listes que vous avez faites à l'étape 3 (pp. 82-93)
2. Pour chaque liste, relisez la colonne « Ce que j'ai été, fait, eu ».
3. Repensez à ce que vous avez créé dans votre vie jusqu'à présent et posez-vous la question suivante : « Qu'est-ce que je crois à propos de moi, qui m'a amené à créer cette situation ? » Demandez-vous s'il y a des croyances qui vous ont peut-être aidé par le passé mais qui sont obsolètes aujourd'hui et vous bloquent.

Par exemple, en ce qui concerne l'amour, imaginons que vous ayez écrit : « J'ai attiré un partenaire qui est incapable de me dire qu'il m'aime. » Quelle est la croyance qui aurait pu créer cela dans votre vie ? Peut-être la réponse est-elle : « Je crois que je ne mérite pas d'être aimé. » Ou bien : « Je crois que si quelqu'un me dit "Je t'aime", je suis obligé de répondre "Moi aussi", et au fond je ne suis pas sûr de vouloir le dire. »

Pour ce qui est de l'argent et des finances, si vous avez écrit : « Je n'ai jamais assez d'argent », quelle est la croyance qui a pu contribuer à créer cette situation ? Réfléchissez aux possibilités suivantes : « Je crois que je ne mérite pas de gagner plus » ; « Je crois qu'il est impossible de gagner beaucoup d'argent tout en faisant le métier qui me plaît » ; « Je crois que, si j'avais plus d'argent, je serais obligé de me comporter de façon plus responsable ».

Ce sont juste quelques exemples. Vos croyances sont uniques et personnelles. Cependant, elles ne sont pas éternelles. À mesure que vous clarifiez vos croyances concernant les divers aspects de votre vie, souvenez-vous que, dès que vous prenez conscience de vos croyances, vous avez le pouvoir de les changer.

Ce que l'on attend de vous : les « il faut » et les « je dois »

Quelles sont les choses dans votre vie qui font partie de vos devoirs ? Quelles sont les choses que vous vous sentez obligé de faire ou d'avoir, la personne que vous vous sentez obligé d'être ? Et que se passerait-il si vous ne croyiez pas y être obligé ?

Ce que vous pensez que l'on attend de vous correspond à vos croyances. Les « il faut » et les « je dois » viennent d'idées qui vous ont été inculquées par vos parents, votre entourage, la société dans laquelle vous vivez. Ce sont autant de façons par lesquelles vous voulez faire plaisir aux autres en essayant de correspondre à l'image idéale de vous-même qu'ils vous présentent.

Mais si vous avez remplacé vos propres rêves et vos propres désirs par ce que les autres attendent de vous, vous risquez d'être amèrement déçu. Même lorsque vous finissez par obtenir ce que vous pensiez désirer, vous vous rendez compte que cela ne vous satisfait aucunement, puisque ce n'était pas vraiment ce que vous désiriez. Il se peut aussi que vous n'arriviez jamais à satisfaire les attentes des autres : chaque fois, vous manquez l'idéal de perfection auquel vous essayez de correspondre, et vous essayez à nouveau, en ayant seulement remplacé les anciennes attentes par d'autres, mais sans jamais trouver satisfaction.

Vous pouvez dès à présent rejeter cette image idéalisée et revenir à ce que vous êtes vraiment. Oui, vous vous verrez peut-être obligé de changer d'avis sur des choses que vous pensiez vouloir. Si c'est le cas, reportez-vous à vos listes et corrigez-les.

L'exercice suivant vous permet de mettre à plat tous les « il faut » et tous les « je dois », afin de révéler quelles sont les croyances inconscientes auxquelles ils étaient liés.

Les « il faut » et les « je dois »

Je crois que je dois :

Être gentil avec tout le monde pour que l'on m'aime.

Travailler dur pour m'enrichir.

Être toujours d'accord avec mon partenaire pour ne pas qu'il me quitte.

Je crois qu'un homme doit :

Toujours tout maîtriser.

Être macho pour réussir.

Gagner plus qu'une femme.

Je crois qu'une femme doit :

Être belle pour plaire aux hommes.

Être mince pour être aimée.

Rester belle toute sa vie.

Repensez maintenant à votre vie, et à vous-même, puis à chaque domaine de votre vie. Notez les pensées qui vous viennent.

À la place des « il faut » et des « je dois »

Ce que je suis, ce qu'est ma vie

Je crois que je dois être gentil avec tout le monde pour que l'on m'aime.

Au lieu de cela

Je veux exprimer mes sentiments avec sincérité dans toutes mes relations.

Forme et santé

Au lieu de cela

Carrière

Au lieu de cela

Argent, finances

Au lieu de cela

Amour

Au lieu de cela

Astuce : Prenez votre temps

Vous pourriez être tenté d'accélérer pour arriver plus vite à la formule magique à la fin du livre, mais plus vous passerez de temps sur cet exercice, plus vous attirerez de choses positives dans votre vie. Passez plus de temps avec vous-même maintenant, vous obtiendrez de meilleurs résultats plus tard.

Croyances sur la vie

Prenez à nouveau le temps de relire vos listes pour stimuler votre réflexion. Il est probable que d'autres croyances vous viendront à l'esprit.

Écrivez tout ce qui vous passe par la tête, qu'il s'agisse de croyances positives ou négatives. Il se peut même que vous soyez surpris par la quantité de croyances positives que vous avez à propos de vous-même. Utilisez l'espace ci-dessous, et faites des photocopies si nécessaire.

Mes croyances sur la vie

Quelles sont les croyances qui ont créé la vie que j'ai aujourd'hui ?

Croyances positives

Je crois que...

Je ne crois pas que...

Comment ces croyances positives peuvent-elles m'aider à obtenir ce que je veux ?

Croyances limitantes

Je crois que...

Je ne crois pas que...

En quoi ces croyances négatives constituent-elles des obstacles à ce que je veux obtenir ?

Répétez maintenant cet exercice pour chaque aspect de votre vie :

- Qu'est-ce que je crois à propos de moi-même ?
- Qu'est-ce que je crois à propos de l'amour ?
- Qu'est-ce que je crois à propos de ma carrière ?
- Qu'est-ce que je crois à propos de l'argent ?
- Qu'est-ce que je crois à propos de mon développement spirituel ?
- Qu'est-ce que je crois à propos de mon développement personnel ?
- Qu'est-ce que je crois à propos de ma vie sociale ?
- Qu'est-ce que je crois à propos de ma famille ?
- Qu'est-ce que je crois à propos de mon foyer et de ma maison ?

Observez bien votre liste de croyances et comparez-la à votre liste de commandes cosmiques. Vos croyances sont-elles en accord avec vos désirs ? Vos croyances permettront-elles à vos commandes d'être livrées ? Aurez-vous besoin de modifier certaines croyances pour être persuadé que vous méritez et que vous recevrez tout ce dont vous rêvez ?

Comment modifier vos croyances ?

VOUS POUVEZ changer n'importe quelle habitude, et même n'importe quel aspect de votre vie, en un court laps de temps, souvent moins d'un mois. La série d'exercices qui suit vous permettra d'éliminer vos croyances limitantes pour vous permettre de choisir les pensées qui correspondent à votre commande cosmique.

Créer une banque de souvenirs positifs

Le premier exercice vous entraîne à modifier le scénario présent dans votre esprit. Si votre vie était portée à l'écran maintenant, quel genre de film deviendrait-elle ? Une comédie, une tragédie, un thriller, ou un film d'action ? Y aurait-il un happy end ? Des scènes romantiques ? Des scènes de bonheur telles que le public voudrait être à la place du protagoniste ?

Nous écrivons le scénario de nos vies. Notre mémoire est sélective. Que les épisodes de notre vie soient heureux ou malheureux, nous pouvons choisir ceux auxquels nous accordons de l'attention. Ces épisodes choisis ont un impact sur ce que nous croyons être, sur la vie que nous menons, et sur la vie que nous pouvons choisir de mener à l'avenir.

En modifiant votre scénario pour qu'il soit le plus positif possible, vous allez en même temps changer vos croyances, et construire votre capacité à vous attendre que des choses positives vous arrivent. Vous allez alimenter votre banque de souvenirs positifs, qui sera la fondation de toutes les nouvelles croyances que vous allez dorénavant cultiver.

Créer une banque de souvenirs positifs est un moyen très efficace de nourrir votre inconscient avec des sentiments positifs.

1. Pour commencer, laissez votre esprit vagabonder dans votre passé. Cependant, orientez-le délibérément vers les souvenirs positifs. Le premier souvenir qui vous vient à l'esprit peut être très important ou plus futile, laissez simplement votre esprit sélectionner n'importe quelle image, sentiment, n'importe quelle sensation positive, même pour quelques secondes.
2. Si vous tombez sur un souvenir négatif, floutez l'image, diminuez sa luminosité jusqu'à la rendre grise et sans éclat. Vous pouvez aussi voir quel effet cela a sur vos émotions si vous réduisez la taille de l'image.
3. Si vous n'avez pas d'image mais que vous tombez sur une émotion ou une sensation négative, imaginez immédiatement que vous pouvez en diminuer l'intensité, comme si vous tourniez un bouton. Imaginez un cadran numéroté de 0 à 10, 10 représentant l'intensité la plus forte. Quelle est l'intensité de l'émotion ou de la sensation ? Une fois que vous avez déterminé l'intensité, diminuez-la en tournant le bouton. Vous pouvez répéter ce processus autant de fois que nécessaire, jusqu'à amener définitivement l'intensité à 0.
4. Choisissez maintenant un souvenir agréable. Essayez de vous rappeler le maximum de détails. Revoyez-le comme s'il s'agissait d'un film projeté sur un écran devant vous. Augmentez la luminosité et le volume pour que l'image devienne la plus vivante possible. Vous pouvez aussi agrandir l'image, ou rapprocher de vous les objets présents dans le souvenir. Vous pouvez revisiter ce souvenir et ajuster les réglages du film aussi souvent que vous le désirez.

5. Imaginez à nouveau le cadran. Vous pouvez l'utiliser pour associer des émotions et des sensations agréables à votre souvenir. Observez sur quelle intensité est réglé le bouton, puis augmentez-la. Vous pouvez répéter l'exercice autant de fois que nécessaire pour amener définitivement le bouton sur 10. Chaque fois que vous montez d'un cran, l'intensité des émotions et des sensations agréables associées au souvenir augmentera.

Répétez l'exercice avec autant de souvenirs que possible, chaque jour pendant un mois, et vous verrez que votre cerveau prendra rapidement l'habitude de se souvenir du passé de façon positive.

Pourquoi il est important de changer ses croyances

Avant de pouvoir changer définitivement vos croyances, il est important de vérifier que vous êtes motivé pour les changer. Chacune des croyances que vous avez aujourd'hui existe parce qu'elle vous est bénéfique de quelque façon : vous ne pourrez modifier vos croyances que lorsque vous arriverez à convaincre votre inconscient que la nouvelle croyance est aussi, voire plus, bénéfique que l'ancienne.

Choisissez pour commencer l'une des croyances notées dans les exercices précédents. Une croyance n'est, au fond, qu'une opinion, et pas un fait démontré. Nous y croyons comme si c'était un fait, parce que nous sélectionnons constamment les preuves qui confirmeront la croyance. C'est pourquoi on s'accroche de plus en plus à ses croyances en vieillissant.

Vous pouvez vous représenter vos croyances comme des meubles. Vous pouvez changer vos meubles, changer leur place ou vous en débarrasser. Vos meubles ne vous contrôlent pas.

Si vous deviez « redécorer » votre vie maintenant, combien de vos vieilles croyances voudriez-vous jeter, et lesquelles voudriez-vous garder ?

Astuce : Commandez la santé

Si vous avez un problème de santé complexe, il est vital de passer du temps à explorer vos croyances actuelles, avant de constituer une image de vous-même en parfaite santé, qui soit complètement débarrassée du moindre doute. Si c'est nécessaire, passez un certain nombre de commandes intermédiaires en passant votre commande principale : commandez des améliorations progressives de façon à vous convaincre plus facilement que le processus de guérison est enclenché. Cela renforcera votre capacité à croire.

Défiez vos anciennes croyances

L'exercice suivant s'attache à chacune des croyances que vous avez eues jusqu'ici pour l'examiner. Une fois que vous voyez votre croyance comme une simple opinion, vous avez le choix et vous pouvez décider de ce que vous voudriez croire à la place.

Si vous n'arrivez pas encore à croire à cent pour cent à vos nouvelles croyances, cela n'a pas d'importance. Votre tâche consiste simplement à secouer vos anciennes croyances et à délier votre réflexion, pour vous permettre de former de nouvelles pensées.

Astuce : Accumulez les preuves

Il est important de noter toutes les preuves qui étayent vos nouvelles croyances, de façon qu'elles semblent aussi solides à votre inconscient que les anciennes.

Le contenu de vos nouvelles croyances n'a pas besoin, à ce stade, d'être probable, mais simplement *possible*. Cependant le meilleur moyen de renforcer votre conviction est de chercher activement toutes les preuves qui confirment vos nouvelles croyances.

Ce que je veux, ce que je crois, ce que je peux croire à la place

Voici comment examiner vos pensées.

Qu'est-ce que je veux ?

Je veux un travail que j'aime faire, pour lequel je suis payé 50 % de plus que mon salaire actuel, dans la même ville. Je veux trouver l'équilibre entre mon foyer et mon travail, et je veux travailler le même nombre d'heures qu'actuellement.

Mes croyances concernant ce désir

Il n'y a pas d'emplois bien payés dans cette ville pour les gens comme moi.

Nouvelle croyance

Il y a sûrement dans cette ville des gens très bien payés que je n'ai pas encore rencontrés ; après tout, j'habite une grande ville.

Preuve

J'ai entendu dire que mon voisin gagne très bien sa vie.

À vous, maintenant : Qu'est-ce que je veux ?

Mes croyances concernant ce désir

Nouvelle croyance

Preuve

Mes nouvelles croyances, celles qui me permettront d'avoir, de faire et d'être ce que je veux :

Continuez à chercher et à accumuler les preuves qui étayent vos nouvelles croyances. À mesure que vous avancez dans le livre, notez bien toutes les nouvelles croyances positives qui vous viennent. Relisez cette liste chaque fois que vous avez besoin de vous rassurer sur l'efficacité de votre commande cosmique.

Changer ses croyances actuelles : choisir un héros

Pensez à un domaine de votre vie qui n'est pas à la hauteur de vos attentes. Vous allez choisir un héros, quelqu'un que vous connaissez, dont vous avez entendu parler, ou que vous créerez de toutes pièces.

D'abord, posez-vous ces questions :

Existe-t-il quelqu'un, parmi les gens que je connais, ceux dont j'ai entendu parler, ou que je peux imaginer, qui possède déjà ce que je désire dans ce domaine ?

Qui est-ce ?

Quelles sont, selon moi, les croyances qu'a cette personne et qui lui ont permis de créer la vie qu'elle mène ?

Maintenant que je vois quels sont les bénéfices que produisent ces croyances, lesquelles puis-je choisir d'adopter ?

Que les personnes soient réelles ou imaginaires dans cet exercice n'a pas d'importance ; utiliser votre imagination rend de toute façon les choses plus convaincantes pour votre inconscient. C'est un excellent moyen de savoir quelles sont les croyances qui vous donneront les résultats attendus.

Changer ses croyances actuelles : trois fois merci

Voici pour finir un exercice pour entretenir vos pensées positives. Il vous permettra d'augmenter votre chance et de cultiver les émotions positives. Cet exercice est particulièrement utile si vous avez encore du mal à rester positif au quotidien. Il vous aidera à apprécier tous les cadeaux que vous recevez déjà de l'univers.

Chaque jour pendant un mois, notez au moins trois choses pour lesquelles vous êtes reconnaissant. Ce peut être n'importe quoi, grands évènements ou petites choses : quelqu'un qui vous a tenu la porte, un coup de fil d'un ami cher, ou bien tout simplement la joie d'être heureux et en bonne santé. Photocopiez autant d'exemplaires que nécessaire.

Date : ------------

Je suis reconnaissant pour :

Date : ------------

Je suis reconnaissant pour :

Date : ------------

Je suis reconnaissant pour :

Créez le troisième acte

Vous allez maintenant réfléchir aux croyances que vous voudriez susciter dans votre banque de futurs souvenirs agréables. Cet exercice stimule votre créativité et votre imagination tout en vous permettant de vérifier que ce que vous avez écrit jusqu'à maintenant correspond bien à ce que vous désirez vraiment dans votre futur.

Il est temps d'écrire un nouveau scénario

Repensez aux épisodes précédents : votre histoire, avec tous les souvenirs positifs que vous avez cultivés. Imaginez que vous ayez déjà vécu le premier et le deuxième acte : à quoi va ressembler le troisième ?

Écrivez un bref paragraphe décrivant votre vie future. Sera-t-elle pleine de rires, de bonheur, d'aventures, d'enseignements, ou d'amour ? Pleine de tout cela à la fois ? À quoi va ressembler précisément votre vie pour vos cinq sens ?

Reportez-vous à nouveau aux listes que vous avez rédigées (pp. 82-93). Maintenant que vous savez en détail à quoi ressemble votre futur, que pouvez-vous ajouter à vos listes pour vous assurer que votre futur corresponde à vos attentes ?

Résumé de l'étape 4

- Êtes-vous sûr de croire vraiment que votre commande peut vous être livrée exactement comme vous l'avez formulée ?

- Vous avez toujours le pouvoir de choisir vos pensées. Ce que vous croyez est la clé de ce que vous manifestez et créez dans votre vie.

- Les pensées des autres sont leur problème. Débarrassez-vous des « il faut » et des « je dois ».

- Quelles sont vos croyances concernant ce que vous désirez ? Croyez-vous pouvoir l'obtenir ?

- Quelles nouvelles croyances désirez-vous cultiver ? Quelles preuves avez-vous que vos nouvelles croyances sont vraies, plutôt que les anciennes ?

Accédez à votre force intérieure

ÉTAPE 5

« Pour chaque homme le monde est neuf
Aussi neuf qu'au premier jour
Aussi riche en merveilles inouïes
S'il sait y faire attention. »

THOMAS HUXLEY

Comment accéder à votre force intérieure

VOUS AVEZ en vous toutes les ressources nécessaires pour changer votre vie de la façon dont vous le désirez. Vous avez en vous un pouvoir qui vous donne accès à un savoir insoupçonné sur ce que vous pouvez faire de votre vie et comment attirer ce que vous désirez. Vous n'avez besoin de personne. Vous savez déjà tout ce que vous avez besoin de savoir.

Dans ce chapitre vous allez apprendre à augmenter ce pouvoir pour accéder à ces ressources facilement et sans effort, aussi souvent que vous le désirez.

Les ondes alpha

Le meilleur moyen d'accéder à votre puissance intérieure est de vous détendre jusqu'à atteindre un état semblable à la transe. Pour y arriver, vous pouvez utiliser la relaxation, la méditation et la respiration profonde.

Lorsque vous vous détendez, les ondes de votre cerveau ralentissent jusqu'à un certain niveau, appelé alpha, ou même jusqu'au niveau thêta, plus profond encore. Dans la vie de tous les jours, votre activité cérébrale oscille entre les ondes bêta (l'activité électrique du cerveau est alors comprise entre 13 et 70 cycles par seconde) et les ondes alpha (l'activité cérébrale ralentit entre 7 et 13 cycles par seconde). Les ondes thêta sont comprises entre 4 et 7 cycles par seconde.

Lorsque vous vous détendez profondément ou que vous méditez, que ce soit en vous concentrant sur la détente dans votre corps, en dormant, ou encore en respirant profondément, vous pouvez facilement ralentir l'activité de votre cerveau jusqu'à atteindre l'état alpha. Peut-être arriverez-vous même à vous détendre encore plus et à atteindre le niveau thêta par intermittence. Les niveaux de relaxation alpha et thêta sont les niveaux auxquels vous entrez dans un état appelé état méditatif ou transe. Si vous avez déjà consulté un hypnothérapeute ou que vous connaissez l'autohypnose, vous avez sûrement déjà fait l'expérience de ces états.

Il y a deux raisons à vouloir entrer dans cet état de transe détendue ; ce chapitre vous les explique.

Tout d'abord, la relaxation profonde vous permet d'atteindre un état de conscience où vous pouvez entrer en contact, grâce à votre inconscient, avec l'esprit universel et recevoir les enseignements de votre moi supérieur concernant tous les aspects de votre commande cosmique. Vous apprendrez ainsi à reconnaître ce que vous désirez véritablement et à surmonter les obstacles. Lorsque, par la détente, vous atteignez le niveau alpha, votre esprit conscient vous laisse tranquille et un canal de communication s'établit entre vous et votre inconscient.

Ensuite, cette détente est le meilleur état pour visualiser votre commande cosmique. En pratiquant la visualisation dans l'état alpha, vous parviendrez mieux à créer des images détaillées de ce que vous voulez obtenir. Cela est essentiel pour vous préparer à l'étape 6, « Passez votre commande ».

Dans nos activités quotidiennes nous avons souvent du mal à être dans le moment présent. Notre attention et notre concentration se dispersent parce que notre mental nous déconcentre constamment en nous bombardant de pensées superficielles ou de soucis. Dans l'état méditatif qu'est la transe, vous êtes capable de visualiser des images et de vous concentrer pendant un laps de temps plus étendu parce que le mental est plus calme et tranquille que dans l'état bêta. Mieux vous verrez en imagination ce que vous désirez, mieux le cosmos pourra vous livrer.

Écoutez votre sagesse intérieure

LA SAGESSE intérieure ou intuition est le processus qui consiste à accéder à des informations précieuses sans passer par l'esprit conscient et rationnel. L'intuition est un éclair soudain, une conviction viscérale : vous savez, c'est tout. Elle est semblable en cela au génie. Elle nous permet de savoir si quelque chose ne va pas, ou au contraire si tout va bien. Elle nous dit avec qui passer du temps, quel métier choisir, comment gagner de l'argent, comment éviter les dangers. Cette voix intérieure n'a rien à voir avec la raison et nous sommes nombreux, particulièrement en Occident, à avoir pris l'habitude de ne pas y faire attention. Mais écouter cette voix est la meilleure façon de vous assurer que vous êtes sur la bonne voie et que vous recherchez ce qui est vraiment à même de vous apporter le bonheur.

Pour avoir accès à votre intuition, il est important d'apprendre comment atteindre facilement l'état de détente du niveau alpha. Vous pouvez entrer en transe en suivant les instructions d'une autre personne (un hypnotiseur, par exemple), ou y arriver seul. L'exercice suivant vous montre comment entrer en transe et comment reconnaître cet état.

Atteindre la détente profonde

Pour commencer, entraînez-vous à entrer dans l'état alpha pour une durée qui peut aller de cinq minutes à une demi-heure. Plus vous vous entraînerez, plus vous saurez vous détendre rapidement. Et plus vous vous entraînerez, plus longtemps vous pourrez rester dans cet état, qui est un état très agréable.

1. Asseyez-vous ou allongez-vous. Choisissez un endroit où vous pourrez garder longtemps la même position sans inconfort. Assurez-vous que vous ne serez pas dérangé. Débranchez le téléphone, fermez la porte et choisissez un endroit calme. Une fois que vous serez entraîné, le bruit et les dérangements n'auront plus d'importance, parce que vous parviendrez à atteindre cet état quelles que soient les circonstances.
2. Portez des vêtements confortables ou desserrez ceinture, cravate, etc. Détendez les bras le long du corps, ou croisez les mains sur les cuisses. Si vous êtes assis, posez les pieds bien à plat sur le sol, parallèles.
3. Fermez les yeux. Essayez de les ouvrir très lentement. Fermez-les et ouvrez-les à nouveau, mais deux fois plus lentement. Remarquez comme vos paupières semblent être collées par le sentiment de détente qui vous envahit, comme si vos muscles ne fonctionnaient plus.
4. Les paupières toujours fermées, tournez le regard vers le haut comme pour regarder vos sourcils. Vous sentez que les muscles de vos yeux forcent légèrement pour y arriver. Cette sensation est le signe que vous avez commencé à activer les ondes alpha. Détendez-vous.
5. Inspirez profondément, retenez votre respiration en comptant jusqu'à 10, puis expirez. Inspirez à nouveau, retenez en comptant jusqu'à 10, expirez. Recommencez une troisième fois, et sentez comme votre respiration ralentit. À mesure que votre respiration devient plus profonde, vous sentez votre corps se détendre, vous sentez les vagues de détente

vous submerger depuis le sommet de la tête jusqu'aux orteils.

6. Vous sentez maintenant que chaque partie de votre corps devient de plus en plus lourde. Commencez par la tête, qui devient de plus en plus lourde, puis passez à votre cou. Sentez que toutes les tensions quittent votre tête et votre cou et laissez doucement pendre la tête.
7. Sentez maintenant la détente passer dans vos épaules et vos bras, qui deviennent de plus en plus lourds. Chassez les tensions et sentez la détente vous envahir, comme si le haut de votre corps était léger et flottant.
8. Passez maintenant à votre torse et à votre ventre. Détendez-les et chassez les tensions. Sentez la détente comme une douche agréable qui vous débarrasse de toutes les petites tensions musculaires.
9. Passez à vos jambes et vos pieds. Sentez les vagues de détente parvenir jusqu'à vos orteils. Les tensions s'évaporent dans l'air, vos jambes deviennent légères. Maintenant votre corps tout entier flotte, léger comme une plume.
10. Vous allez maintenant plonger plus profondément dans la détente. Visualisez devant vous dix marches qui descendent. En gardant cette image à l'esprit, commencez le compte à rebours de 10 à 1, et imaginez en même temps que vous descendez une marche après l'autre. À chaque marche, le sentiment de relaxation devient plus profond. Pour approfondir cette sensation, imaginez que vous sentez la marche sous vos pieds et que vous entendez vos pas.
11. En bas des marches, vous arrivez devant une porte et vous entrez. Derrière la porte se trouve une pièce calme, propice à la relaxation : une chambre confortable avec un lit, ou bien une plage où vous vous allongez sur le sable, une prai-

rie ou tout autre endroit calme que vous voulez visualiser. Reposez-vous et détendez-vous dans cet endroit aussi longtemps que vous le désirez. Appréciez toutes les sensations agréables de l'endroit. Vous êtes maintenant dans l'état alpha ou thêta.

12. Pour sortir de cet état de détente profonde, comptez simplement de 1 à 5.
    - Vous vous levez, quittez l'endroit et fermez la porte derrière vous.
    - Votre respiration devient plus profonde.
    - Votre souffle réveille peu à peu votre corps.
    - Vous reprenez conscience de votre corps. Vous prenez la décision suivante : « Lorsque j'ouvrirai les yeux, je me sentirai bien éveillé, alerte et agréablement calme. »
    - Ouvrez les yeux.
13. Observez les sensations que vous éprouvez, prenez votre temps et levez-vous lentement.

À mesure que vous vous familiarisez avec l'état de conscience alpha, vous aurez besoin de moins de temps pour détendre votre corps et votre esprit. Votre inconscient se sera habitué à atteindre cet état méditatif, et vous pourrez alors y retourner en fermant simplement les yeux, en respirant profondément et en relaxant votre mental et votre corps.

Foire aux questions

Comment savoir si j'ai atteint le niveau alpha ?

Au niveau alpha, vous êtes tout simplement dans un état de relaxation très agréable où le temps semble passer à une vitesse différente. Au cours de la journée, il vous arrive d'entrer dans cet état sans y faire attention : lorsque vous regardez un film qui vous passionne, par exemple. Un bon indice est le sentiment du temps qui passe : lorsque vous êtes au niveau alpha, le temps semble passer plus vite ou plus lentement ; vous pouvez même avoir l'impression d'être hors du temps.

Il y a d'autres signes : votre corps est plus calme, ce qui fait qu'il est plus facile de garder longtemps la même position. La respiration devient plus lente et plus profonde. Vous n'avez plus conscience des bruits et des distractions autour de vous car vous êtes concentré sur votre monde intérieur. S'il vous est donné d'observer quelqu'un qui est dans cet état, vous remarquerez que tous les muscles de son corps se détendent. La personne ne bouge presque pas, même les petits mouvements involontaires semblent avoir disparu. Son visage et notamment sa bouche sont relaxés, et si elle parle sa voix est plus détendue et plus grave que d'habitude.

C'est ce niveau de détente que les hypnotiseurs utilisent pour donner des suggestions à l'inconscient. À ce niveau il devient facile de puiser dans les ressources de l'inconscient, comme vous le verrez dans les exercices suivants.

Entrer en contact avec son guide intérieur

Si vous croyez aux anges gardiens ou aux esprits tutélaires, vous avez peut-être déjà pris l'habitude de leur demander conseil. Peut-être que, pour vous, ces guides sont tout simplement votre intuition. La méditation décrite ci-dessous peut vous aider à accéder à cette sagesse, que vous la conceviez comme la voix de votre intuition, ou comme un être supérieur qui prend soin de vous. Appelons cette voix qui vous prodigue ses conseils votre guide intérieur : elle peut vous aider à mieux voir ce qui vous rendra heureux.

1. Asseyez-vous dans un endroit calme, fermez les yeux. Sentez vos paupières se détendre et devenir lourdes, jusqu'à avoir l'impression que vos muscles ne fonctionnent plus. Les paupières fermées, tournez le regard vers le haut comme pour regarder vos sourcils.
2. Prenez une profonde inspiration, retenez votre souffle en comptant jusqu'à 10, puis expirez. Prenez une seconde inspiration, retenez en comptant jusqu'à 10, et expirez. Recommencez une troisième fois et sentez comme votre respiration ralentit. À mesure que votre respiration devient plus profonde, votre corps se détend, comme submergé par des vagues de relaxation qui vous envahissent depuis le sommet du crâne jusqu'aux orteils.
3. Détendez-vous pour atteindre le niveau alpha. Vous allez maintenant pénétrer dans un havre de paix à l'intérieur de vous-même, où vous serez totalement en sécurité. C'est votre sanctuaire. Sous vos yeux se déploie un paysage magnifique. Quelle est la première image qui vous vient à l'esprit ? Ce sera désormais l'endroit où vous pourrez contacter votre guide.
4. Observez vos sensations et vos émotions dans ce sanctuaire. Sentez la brise sur votre visage et le sol sous vos

pieds. Peut-être entendez-vous aussi des bruits, le chant des oiseaux, le souffle du vent.

5. Asseyez-vous au sein de la nature. Formulez clairement votre intention. Invitez votre guide (ou vos guides) à se montrer.
6. Un nuage de brouillard apparaît devant vous. Votre guide vous attend derrière cette brume. Demandez-lui de vous apparaître. Vous sentez que votre guide s'approche.
7. Demandez que le brouillard soit dissipé et que votre guide vous soit révélé. Demandez à voir sa forme. Il peut avoir forme humaine, animale, ou n'importe quelle autre forme.
8. Saluez-le. Peut-être connaissez-vous son nom ; peut-être s'appelle-t-il simplement « guide intérieur » ou « intuition ».
9. Demandez à votre guide s'il désire vous communiquer quelque chose. S'il répond par la négative, demandez-lui ce que vous devez faire pour qu'il veuille vous répondre.
10. S'il répond oui, demandez-lui quel conseil il peut vous donner. Vous pouvez aussi lui demander s'il préfère une certaine forme de communication.
11. Cette aide ou ces conseils peuvent prendre de multiples formes : un soudain éclair de conscience, une petite voix, un pressentiment, ou la conviction intime que quelque chose est bon pour vous.
12. Vous pourrez revenir et poser d'autres questions. Si vous le souhaitez, invitez votre guide à vous donner d'autres conseils pour des problèmes spécifiques. Vous pouvez aussi lui demander de vous dispenser ses conseils à travers vos rêves.
13. Lorsque vous avez fini, remerciez votre guide avec amour. Regardez-le s'éloigner et rentrer dans le brouillard.

Demander une vision de sa vie

Votre guide peut vous apporter de l'aide lorsque vous désirez avoir une vision unifiée de votre vie. Pour obtenir ses conseils, vous pouvez lui demander les choses suivantes :

- Montre-moi quels sont les aspects de cette vision qui peuvent me guider à présent.
- Quel est le rôle que je dois jouer dans cette vision ?
- Quelles sont les ressources que je possède en moi à l'heure actuelle pour progresser vers cette vision ?
- Quelles sont les croyances qui me font obstacle dans ma progression vers cette vision ?
- Quelles sont les croyances qui m'aideront à avancer vers cette vision ?

Observez quelles émotions vous ressentez en posant ces questions. Vous pouvez encore demander :

- Quelles actions puis-je entreprendre pour progresser vers cette vision ?
- Quelle commande cosmique me ferait le plus avancer vers cette vision ?

Comment entrer régulièrement en contact avec votre guide

Il est bon, en plus de pratiquer régulièrement les deux exercices précédents, d'entrer en contact avec votre guide et votre intuition dans la vie de tous les jours, de toutes les façons possibles.

1. Prenez le temps de vous remémorez les fois où votre intuition vous a porté conseil. Les expériences du passé sont de bonnes références pour le futur.

2. Sous quelle forme votre guide s'est-il manifesté ? Avez-vous entendu une petite voix ? L'intuition s'est-elle manifestée sous la forme d'une image ? sous la forme d'une sensation physique ? ou bien une combinaison de tout cela ? Imaginez que vous puissiez donner forme à votre guide ou à votre intuition. D'après vos expériences passées, à quelle sensation ressemblerait-il ?
3. Pouvez-vous amplifier les sensations liées à votre guide ? Pouvez-vous mieux le voir ou l'entendre ? Demandez à votre inconscient d'augmenter le volume, la luminosité, le contraste et les autres sensations de façon que, la prochaine fois que votre guide vous enverra un message, vous puissiez le capter parfaitement.
4. À quel point faites-vous confiance à votre intuition ? Faites une liste de toutes les fois où votre intuition s'est avérée bonne. Notez chaque fois que vous avez une intuition. Relisez cette liste de temps en temps pour vérifier si votre intuition était bonne. Vous apprendrez bientôt à faire la distinction entre la voix de votre intuition et les pensées parasites.
5. Détendez-vous de temps et temps et notez ou dessinez toutes les idées créatives qui vous viennent sur un sujet donné. Plus vous pratiquerez ce remue-méninges, plus votre guide intérieur s'habituera à ce que vous lui demandiez son avis, et plus il se manifestera.
6. Remerciez votre guide et exprimez-lui votre gratitude chaque fois qu'il vous envoie un message. Cela renforce le message que vous envoyez à votre inconscient pour lui dire que vous êtes prêt à recevoir des conseils. Plus vous appréciez votre guide intérieur à sa juste valeur, plus il se mani-

festera. Vous pouvez l'imaginer comme un autre aspect de votre cerveau ou de votre esprit, et l'apprécier au même titre que votre faculté à raisonner logiquement ou que votre intelligence émotionnelle.

L'histoire de Michaël : Le propriétaire parfait

Un jour j'ai décidé de déménager à Paris pour trouver du travail dans les médias. J'ai emballé tout ce que j'avais dans des cartons, et je suis parti sur un coup de tête, sans savoir où j'allais habiter.

Je savais exactement ce que je voulais, je l'avais noté en détail : un deux pièces en centre-ville, pour moins de 1 000 euros par mois, ce qui était assez optimiste. Et bien sûr je ne voulais payer ni caution ni frais d'agence, parce que je n'avais pas d'argent. Je voulais aussi que l'appartement soit près d'un parc, et à dix minutes à vélo du métro. Je voulais encore avoir de bonnes relations avec mon propriétaire et que mes voisins ne voient pas d'inconvénient à ce que je joue de la musique.

Des amis me proposèrent de m'héberger. Ils se faisaient du souci pour moi et me disaient que je ne trouverais pas avant six mois. Et ils me trouvaient totalement irréaliste quant au loyer ! Nous nous mîmes d'accord pour que je reste chez eux deux semaines, ensuite je devais partir, quoi qu'il arrive entre-temps.

La pression est montée d'un cran... J'arrivai à Paris chez mes amis avec une seule valise.

Le soir de mon arrivée, une amie m'appela d'Espagne. Elle me dit qu'elle connaissait quelqu'un à Paris, un ami qui avait un appartement en centre-ville, mais elle ne savait pas à quoi l'appartement ressemblait. J'appelai le propriétaire et nous prîmes rendez-vous pour la semaine suivante.

J'appelai aussi des agences immobilières et je visitai plusieurs appartements. Aucun ne me plaisait vraiment, et je commençais à paniquer quand finalement le jour du rendez-vous avec le propriétaire recommandé par mon amie arriva. Mais lorsque je vis l'appartement, j'ai sus que c'était le bon. Il y avait tout ce que je voulais. Comme le propriétaire était un ami d'ami, il me fit un prix très avantageux sur le loyer : étonnamment, c'était exactement ce que j'avais imaginé ! Et bien sûr je n'avais pas de frais d'agence à payer, et il me fit cadeau de la caution.

Et maintenant, bien que je joue de la musique et qu'il habite à côté, il ne s'en plaint jamais, nous sommes devenus bons amis, il passe de temps en temps prendre un verre et me donner un coup de main en informatique, parce que je déteste les ordinateurs !

Visualisez votre commande cosmique

Si vous n'arrivez pas à visualiser ce que vous désirez, le cosmos n'y arrivera pas non plus. Visualiser s'apprend facilement. Même si vous n'y avez jamais réfléchi sérieusement, vous savez que vous créez constamment des images dans votre esprit, qui sont le reflet de votre expérience de la réalité. Vous rêvez, vous vous remémorez, vous imaginez et vous vous perdez dans vos pensées, tout cela sans effort.

Lorsque vous repensez à la personne que vous venez de rencontrer et qui vous plaît beaucoup, ou lorsque vous rêvez de fuir la monotonie du bureau pour vous retrouver sur une plage de sable blanc, vous créez dans votre esprit une image, par le simple pouvoir de votre imagination.

Vous avez déjà sûrement imaginé la tête de votre chef en train de vous faire des reproches, ou une dispute avec votre partenaire, ou ce qui vous arriverait si vous étiez pris la main dans le sac en train de faire quelque chose de répréhensible. Lorsque vous répétez des scénarios négatifs, c'est aussi de la visualisation.

Vous pouvez apprendre à utiliser la force de votre inconscient en pratiquant délibérément la visualisation : c'est ainsi que vos commandes cosmiques réussiront, et que vous parviendrez à améliorer votre vie au quotidien, en remplaçant les scénarios négatifs involontaires par un flux régulier d'images positives.

Reprenez la liste de commandes cosmiques que vous avez rédigée au chapitre 3. Quelles sont celles que vous désirez visualiser plus en détail ?

• ***Je viens de lire l'ouvrage suivant*** (mentionner son titre) : ....

....

• *Afin d'être informé des publications de votre maison d'édition,* **j'aimerais recevoir votre catalogue général.**

• ***Je m'intéresse plus particulièrement aux sujets suivants :***

❐ Doctrines traditionnelles ❐ Symbolisme ❐ Arts martiaux

❐ Alchimie ❐ Médecines naturelles ❐ Astrologie

• ***Je souhaite vous faire la suggestion suivante*** : ....

....

....

....

....

....

Adresse Internet :
- http : //www.editions-tredaniel.com / e-mail : info@guytredaniel.fr

2008

N.I.L. - 58500 Clamecy

Affranchir
au tarif
carte
postale

EXPÉDITEUR :

Nom : ....

Prénom : ....

Adresse : ....

<u>*DESTINATAIRE :*</u>

Guy TRÉDANIEL
Éditeur

19 rue Saint-Severin
75005 PARIS
FRANCE

Tél. : 01.43.36.41.05 Fax ; 01.43.31.07.45

Vous pouvez visualiser tout ce que vous désirez :

- un objet ;
- de meilleurs résultats en sport, en affaires, à vos examens ;
- un corps plus mince ;
- une meilleure santé ou une guérison rapide.

Notez les pensées qui vous viennent à propos de ce que vous n'arrivez pas encore à visualiser clairement et à propos de ce que vous voudriez visualiser plus en détail.

Ce que je veux visualiser plus en détail

Voici une série d'exercices pour augmenter votre puissance de visualisation. En les pratiquant, vous deviendrez de plus en plus habile à visualiser vos buts.

Visualiser des couleurs

1. Asseyez-vous au calme et fermez les yeux. Sentez que vos paupières se détendent jusqu'à avoir l'impression que vos muscles ne fonctionnent plus.
2. Les yeux fermés, tournez votre regard vers le haut comme pour regarder vos sourcils.
3. Prenez une profonde inspiration, retenez votre souffle en comptant jusqu'à 10, puis expirez. Inspirez à nouveau, retenez jusqu'à 10, expirez. Recommencez une troisième fois et sentez que votre respiration ralentit. À mesure que votre respiration devient plus profonde, vous sentez que votre corps se détend, comme submergé par des vagues de relaxation depuis le sommet du crâne jusqu'aux orteils. Détendez-vous au niveau alpha.
4. Imaginez maintenant que vous avez devant vous un ballon de couleur vive.
5. Prenez un pinceau imaginaire et peignez le ballon d'une couleur différente.
6. Entraînez-vous à peindre le ballon de toutes les couleurs de l'arc-en-ciel. Peignez-le en rouge,
   - puis en orange,
   - puis en jaune,
   - puis en vert,
   - puis en bleu,
   - puis en indigo,
   - et pour finir en violet.

7. Une fois que vous avez fini, dites-vous : « Lorsque j'ouvrirai les yeux, je me sentirai bien, plein d'énergie et alerte. » Ouvrez les yeux. Si vous avez assez d'expérience, vous arriverez à vous éveiller simplement en ouvrant les yeux. Sinon, vous pouvez compter jusqu'à 5, selon la méthode de la page 138. Ensuite, levez-vous lentement.

Visualiser des chiffres

1. Asseyez-vous au calme et fermez les yeux. Sentez que vos paupières se détendent jusqu'à avoir l'impression que vos muscles ne fonctionnent plus.
2. Les yeux fermés, tournez votre regard vers le haut comme pour regarder vos sourcils.
3. Prenez une profonde inspiration, retenez votre souffle en comptant jusqu'à 10, puis expirez. Inspirez à nouveau, retenez jusqu'à 10, expirez. Recommencez une troisième fois et sentez que votre respiration ralentit. À mesure que votre respiration devient plus profonde, vous sentez que votre corps se détend, comme submergé par des vagues de relaxation depuis le sommet du crâne jusqu'aux orteils. Détendez-vous au niveau alpha.
4. Prenez un pinceau ou un crayon imaginaire.
   - Peignez ou dessinez le chiffre 1.
   - Effacez-le avec une gomme imaginaire.
   - Dessinez le chiffre 2.
   - Effacez-le.
   - Dessinez le chiffre 3.
   - Effacez-le.
   - Continuez avec les chiffres de 4 à 7.

5. Pour finir, recommencez l'exercice en dessinant les chiffres, mais imaginez cette fois-ci que chacun est d'une couleur différente.
   - Dessinez le chiffre 1 en rouge,
   - le chiffre 2 en orange,
   - le chiffre 3 en jaune,
   - le chiffre 4 en vert,
   - le chiffre 5 en bleu,
   - le chiffre 6 en indigo,
   - et le chiffre 7 en violet.
6. Une fois que vous avez fini, dites-vous : « Lorsque j'ouvrirai les yeux, je me sentirai bien, plein d'énergie et alerte. » Ouvrez les yeux. Si vous avez assez d'expérience, vous arriverez à vous éveiller simplement en ouvrant les yeux. Sinon, vous pouvez compter jusqu'à 5, selon la méthode de la page 138. Ensuite, levez-vous lentement.

Visualiser des formes

1. Asseyez-vous au calme et fermez les yeux. Sentez que vos paupières se détendent jusqu'à avoir l'impression que vos muscles ne fonctionnent plus.
2. Les yeux fermés, tournez votre regard vers le haut comme pour regarder vos sourcils.
3. Prenez une profonde inspiration, retenez votre souffle en comptant jusqu'à 10, puis expirez. Inspirez à nouveau, retenez jusqu'à 10, expirez. Recommencez une troisième fois et sentez que votre respiration ralentit. À mesure que votre respiration devient plus profonde, vous sentez que votre corps se détend, comme submergé par des vagues de relaxation depuis le sommet du crâne jusqu'aux orteils. Détendez-vous au niveau alpha.

4. Imaginez devant vous un cercle. Peignez-le de la couleur que vous voulez.
   - Effacez-le.
   - Imaginez un carré. Peignez-le de la couleur que vous voulez.
   - Effacez-le.
   - Imaginez un triangle. Peignez-le de la couleur que vous voulez.
   - Effacez-le.
   - Imaginez une boîte en trois dimensions. Peignez-la de la couleur que vous voulez.
   - Faites tourner la boîte de tous les côtés.
5. Une fois que vous avez fini, dites-vous : « Lorsque j'ouvrirai les yeux, je me sentirai bien, plein d'énergie et alerte. » Ouvrez les yeux. Si vous avez assez d'expérience, vous arriverez à vous éveiller simplement en ouvrant les yeux. Sinon, vous pouvez compter jusqu'à 5, selon la méthode de la page 138. Ensuite, levez-vous lentement.

Visualisez-vous

1. Asseyez-vous au calme et fermez les yeux. Sentez que vos paupières se détendent jusqu'à avoir l'impression que vos muscles ne fonctionnent plus.
2. Les yeux fermés, tournez votre regard vers le haut comme pour regarder vos sourcils.
3. Prenez une profonde inspiration, retenez votre souffle en comptant jusqu'à 10, puis expirez. Inspirez à nouveau, retenez jusqu'à 10, expirez. Recommencez une troisième fois et sentez que votre respiration ralentit. À mesure que votre respiration devient plus profonde, vous sentez que votre

corps se détend, comme submergé par des vagues de relaxation depuis le sommet du crâne jusqu'aux orteils. Détendez-vous au niveau alpha.

4. Vous visualisez maintenant votre corps, debout devant vous, en trois dimensions.
5. Regardez l'avant de votre corps, et détaillez-le de la tête aux pieds. Observez bien votre tête et votre visage : à quoi ressemblez-vous ? Regardez votre torse, vos bras, vos jambes, vos mains et vos pieds.
6. Pouvez-vous observer beaucoup de détails ? À quoi ressemblent vos cheveux ? vos yeux ? votre nez ? votre bouche ? vos ongles ? vos mollets ? votre gros orteil ? votre pouce ? votre petit doigt ? Avez-vous des grains de beauté ? des rides ?
7. Ensuite, passez à l'arrière et regardez votre dos. Pouvez-vous observer beaucoup de détails ? Comment décririez-vous ce que vous voyez ?
8. Observez aussi votre taille et votre stature. Une fois que vous avez fini, dites-vous : « Lorsque j'ouvrirai les yeux, je me sentirai bien, plein d'énergie et alerte. » Ouvrez les yeux. Si vous avez assez d'expérience, vous arriverez à vous éveiller simplement en ouvrant les yeux. Sinon, vous pouvez compter jusqu'à 5, selon la méthode de la page 138. Ensuite, levez-vous lentement.

Résumé de l'étape 5

- Entraînez-vous à entrer dans l'état de conscience alpha de façon à pouvoir entrer régulièrement en contact avec votre intuition et votre guide intérieur.

- Lorsque votre intuition vous porte conseil, reconnaissez-le et exprimez votre gratitude.

- Entraînez-vous à visualiser : plus vos visualisations seront détaillées, plus vous donnerez de force aux commandes cosmiques que vous passez à l'univers.

Passez votre commande

ÉTAPE 6

« C'est en demandant l'impossible qu'on obtient le meilleur possible. »

PROVERBE

Êtes-vous prêt ?

VOUS AVEZ maintenant mis toutes les chances de votre côté pour passer votre commande cosmique : vous avez précisé ce que vous désirez dans chaque domaine de votre vie, vous savez utiliser votre imagination et vous entrez facilement en contact avec votre guide intérieur.

Nous sommes à l'avant-dernière étape : il ne vous reste plus qu'à passer votre commande.

Cela se déroule en quatre moments :

- préparation ;
- visualisation : vous vous préparez à passer votre commande ;
- puis vous allez faire ce que j'appelle « cliquer sur Envoi » : c'est le moment où votre commande est effective ;
- et enfin, vous allez remercier par avance l'univers.

Pas de panique ! Toutes ces étapes ne prennent que quelques minutes une fois que vous connaissez bien leur déroulement.

1 : PRÉPARATION

Pour commencer, vous allez vous détendre comme au chapitre 5. Mais cette fois-ci, vous augmenterez votre niveau d'énergie grâce à la respiration rythmée.

Pourquoi la respiration rythmée ?

La respiration rythmée est similaire à la respiration profonde. L'inspiration et l'expiration sont d'égale durée. Avec un peu d'entraînement, vous pouvez caler votre respiration sur les battements de votre cœur. Plus vous pratiquerez, mieux vous y arriverez.

Vous pouvez bien sûr passer votre commande sans pratiquer la respiration rythmée, mais j'ai remarqué, après plusieurs années d'expérience, que mon taux de réussite est beaucoup plus élevé lorsque je pratique cette respiration pendant dix minutes environ avant de passer ma commande.

Il y a deux raisons à cela : tout d'abord, lorsque votre respiration est régulière vous atteignez plus rapidement l'état alpha. Comme vous l'avez appris dans le chapitre précédent, c'est le meilleur niveau de conscience pour visualiser ce que vous désirez : vous vous assurez ainsi de transmettre votre désir exact à l'univers.

Vous pourriez bien sûr simplement pratiquer ce que vous avez appris au chapitre précédent pour atteindre le niveau alpha, puis passer votre commande. Mais il y a une deuxième raison, capitale, pour laquelle la respiration rythmée est importante : en utilisant cette respiration avant de transmettre votre commande, vous augmentez votre niveau d'énergie et de vibrations, ce qui amplifie la force de votre commande.

Certaines traditions millénaires comme le yoga affirment que lorsqu'on pratique la respiration rythmée le corps retourne à son rythme naturel : autrement dit, vous êtes à l'unisson du cosmos.

Vous savez peut-être que tout dans l'univers a sa propre vibration et son propre rythme : les marées, les molécules, les atomes, les mouvements du soleil, de la lune et des planètes, et même les cellules de notre corps. La médecine et la philosophie antiques connaissaient ces mécanismes, que la science moderne commence à peine à prendre en compte : notre univers n'est pas statique, mais constamment en mouvement.

Lorsque vous respirez normalement, votre énergie vibratoire est moins puissante que lorsque vous respirez profondément.

C'est parce que la respiration profonde augmente votre énergie vitale, à la fois dans votre corps physique et dans votre corps non physique (corps astral). Cette énergie est appelée *qi* (Chi) en médecine chinoise, *prana* dans la philosophie indienne et *mana* par les chamans hawaïens.

En augmentant votre niveau de qi par le contrôle de la respiration, vous cessez de mener une existence séparée du reste de l'univers. Vous entrez en contact avec la partie de l'univers qui est par-delà l'espace et le temps, là où votre avenir prend forme. La respiration rythmée vous permet d'augmenter votre niveau d'énergie afin qu'il corresponde au niveau d'énergie de cette partie de l'univers.

En plus de favoriser la réussite de votre commande cosmique, la respiration rythmée a bien d'autres avantages. Votre corps est mieux oxygéné, et vous vous sentez plus alerte et concentré ; vous vous débarrassez aussi de nombreuses toxines.

Augmentez votre énergie : la respiration rythmée

Dans cet exercice, le rythme du souffle est de 2/1 : vous inspirez et expirez sur deux temps, et vous retenez la respiration sur un temps.

Dans l'exemple qui suit, je vous suggère une inspiration sur 8 secondes et une rétention sur 4. Si c'est trop intense, vous pouvez réduire les proportions pour inspirer sur 4 ou 6, retenir sur 2 ou 3, expirer sur 2 ou 3, et retenir à nouveau sur 4 ou 6. Avec de l'entraînement, vous n'aurez aucun problème à allonger le souffle ; ainsi vous emmagasinerez plus de qi (énergie vitale) dans vos corps physique et astral.

Vous pouvez vous entraîner à cet exercice aussi souvent que vous le souhaitez. Avant d'utiliser la respiration rythmée pour passer votre commande cosmique, je vous recommande de vous entraîner au moins dix minutes, deux fois par jour, pendant trois jours.

1. Asseyez-vous confortablement, le dos droit. Si vous en avez l'habitude vous pouvez vous asseoir sur le sol, mais sur une chaise vous pourrez rester assis plus longtemps. Vos mains ne se touchent pas et sont posées sur les accoudoirs ou sur vos cuisses. Vous pouvez fermer les yeux ou les garder ouverts, comme vous préférez.
2. Inspirez sur 8 et sentez l'air remplir vos poumons de bas en haut. À chaque inspiration, vous amenez de l'oxygène et de l'énergie vitale à toutes les cellules de votre corps. Vous pouvez visualiser votre corps empli de lumière. Avec un peu d'entraînement, vous remarquerez que votre souffle vous fait d'abord gonfler le ventre avant d'écarter les côtes à mesure qu'il emplit vos poumons.
3. Retenez le souffle sur 4, puis expirez sur 8. Sur l'expiration, laissez le souffle vous débarrasser de toutes les tensions. Laissez l'expiration se faire naturellement, laissez l'air s'échapper de votre cage thoracique et de votre abdomen. Vous n'avez pas besoin de forcer. Contentez-vous de détendre votre torse, et l'expiration se fera toute seule. Lorsque tout l'air a été expulsé, le ventre rentre naturellement. Gardez le ventre rentré, vide d'air, pendant 4 secondes.
4. Lorsque vous pratiquez cette respiration régulièrement, les muscles de l'abdomen se renforcent et vous n'avez plus aucun mal à respirer ainsi pendant plusieurs minutes. Peu à peu vous pouvez augmenter le temps passé à respirer de cinq à dix minutes, jusqu'à une demi-heure ou plus.
5. Respirez par groupes de quatre inspirations, rétentions, expirations. Cela vous évitera de ressentir des sensations désagréables ou d'hyperventiler.

6. Restez concentré sur le moment présent, observez les sensations dans votre corps. Pensez « Je suis maintenant au service de l'univers. » Demandez à l'univers de vous envoyer les pensées qu'il juge utiles à ce moment précis.
7. Entrez chaque jour en contact avec cette partie de vous-même qui baigne dans la joie et la paix.

Récapitulons : Maintenant que vous avez appris la respiration rythmée, chaque fois que vous passerez une commande cosmique, respirez ainsi pendant dix à trente minutes pour augmenter votre champ vibratoire et amener plus d'énergie vitale dans votre corps. Le cosmos percevra encore plus clairement votre commande.

Dans cet état différent, vous êtes totalement présent dans le moment, le « maintenant » de votre expérience. Votre attention est pleinement concentrée sur ce que vous voulez obtenir dans le futur, et ainsi lorsque vous visualisez ce que vous voulez obtenir, vous pouvez le toucher, le voir, l'entendre, comme si cette chose existait déjà dans votre vie.

2 : VISUALISATION – VOUS VOUS PRÉPAREZ À PASSER VOTRE COMMANDE

Après avoir augmenté votre niveau d'énergie, vous pouvez passer votre commande. Pour vous entraîner, prenez l'une des commandes que vous avez notées. Voulez-vous ajouter ou changer quelque chose ? Ou bien est-elle prête à partir ?

Notez ici votre commande :

Ma commande cosmique

Rappel : Reprenez les étapes précédentes. Votre commande est-elle précise et importante pour vous ? Est-elle rédigée au présent, à la première personne, dans des termes positifs ? Vos croyances correspondent-elles à ce que vous avez écrit ? Souvenez-vous, l'univers vous donnera exactement ce que vous avez demandé, que votre désir soit conscient ou inconscient.

Vérifiez que votre commande soit « écologique »

Avant de l'envoyer, vérifiez que votre commande soit écologique, c'est-à-dire qu'elle s'intègre bien dans votre « écosystème » : ce que vous commandez est-il bon pour vous et pour ceux qui vous sont proches ?

Votre intuition doit vous guider. Êtes-vous sûr que votre commande ne vous apportera que de bonnes choses ? Quid de votre famille, de vos amis, de vos connaissances ? et du monde ?

Ajoutez quelques fioritures

Si vous êtes certain que votre commande est exactement ce que vous voulez mais que vous voulez vous assurer d'avoir toutes les garanties, vous pourriez ajouter une clause aux « conditions de livraison ». Par exemple : « Je veux que cette commande me soit livrée de façon à faire le bien, pour moi et pour les autres » ; ou bien « Je veux que cette commande prenne en compte mon propre bien et celui des autres ».

En faisant cela vous déclarez clairement votre intention et l'univers saura dans quelles conditions vous satisfaire.

Vous pouvez aussi ajouter encore une clause pour laisser un peu de place à l'univers dans ce processus de cocréation : « Je demande que l'univers me livre cette commande, ou quoi que ce soit d'autre qui soit mieux pour moi et qui m'apporte une joie encore plus grande. »

Par cette phrase vous reconnaissez ne pas tout savoir ; mais puisque l'univers est toujours de votre côté et cherche à faire votre bien, pourquoi ne pas lui laisser un peu d'initiative, lui qui sait mieux que vous ce qu'il y a de meilleur pour créer votre futur ?

Partez de ce que vous voulez obtenir

Maintenant, avec votre commande écrite sous les yeux, vous allez activer votre imagination. Vous avez pratiqué la visualisation à l'étape 5, le moment est venu de mettre à profit ce que vous avez appris.

Pour qu'une commande cosmique soit correctement transmise, il est important d'avoir une image très claire de l'état final, du résultat que vous voulez obtenir. Cette image finale représente la dernière étape de votre commande, la preuve future que vous avez bien obtenu ce que vous désiriez.

Réfléchissez : quelle sera la preuve que vous avez été exaucé ?

Vous pouvez susciter une image de ce que vous allez voir, entendre, sentir ou dire. Par exemple, dans l'histoire ci-dessous, Marie semblait pourtant avoir été très claire. La commande était très précise, Marie avait demandé une certaine somme d'argent, avait même spécifié une date, et avait visualisé l'argent sur son compte en banque. Mais elle n'avait pas précisé d'où devait venir l'argent : l'univers a donc exaucé le vœu de la façon la plus rapide et la plus facile qui convenait à son système de croyances.

L'histoire de Marie : Le diable est dans les détails

En juin j'ai demandé à l'univers 15 000 euros pour juillet. J'ai fait bien attention de ne pas demander que cette somme soit un salaire, parce que je ne voyais pas comment gagner cet argent en travaillant sans me tuer à la tâche. Je voulais absolument que l'argent vienne d'une autre source que le travail, un cadeau par exemple. Ainsi l'équilibre entre ma vie professionnelle et ma vie privée ne serait pas détruit. Bien sûr j'espérais gagner au loto. Cependant, attentive aux différentes façons dont l'univers peut créer, je demandai expressément que l'argent vienne d'une source irréprochable moralement, et n'aie rien à voir avec une escroquerie ou un héritage qui aurait nécessité qu'une personne de ma famille meure.

Je visualisai l'argent sur mon compte en banque. Je pris bien soin de remercier l'univers à l'avance pour m'avoir exaucée, puis j'oubliai mon vœu.

En juillet, mon conseiller financier m'appela pour faire le point. Il me conseilla de faire quelques changements dans mes investissements. L'un des changements qu'il me conseillait était de récupérer une assurance à capital différé que j'avais depuis dix ans. De façon surprenante, une association était prête à me la racheter, à un prix bien inférieur à ce que je comptais en tirer au bout de dix ans mais quand même très raisonnable selon mon conseiller. Je lui dis d'effectuer la transaction, car je n'avais pas envie de me préoccuper des détails. Je savais qu'il n'aurait pas été raisonnable de garder ce capital, parce que le marché des dotations avait beaucoup baissé, et mon assurance n'aurait jamais donné ce que j'avais espéré en tirer. N'importe quel prix me convenait, je m'estimais déjà heureuse que quelqu'un veuille racheter ce capital.

Une semaine plus tard, je me retrouvai avec 15 000 euros supplémentaires sur mon compte. J'avais donc bien reçu la somme sans l'avoir gagnée, et c'était un cadeau… de moi à moi !

Maintenant que j'y repense, je sais pourquoi j'ai obtenu ce résultat. Je ne croyais pas vraiment au loto, et je ne voulais surtout pas qu'il arrive quelque chose d'affreux, que quelqu'un meure et me laisse un héritage, par exemple. Et comme je n'avais donné qu'un mois de délai à l'univers, sa marge de manœuvre était réduite. Ce qui s'est passé était sûrement le meilleur moyen de me faire parvenir de l'argent rapidement ; le plus étrange, c'est que j'ai vraiment eu l'impression de recevoir un cadeau, même si l'argent venait de moi !

Rappel

L'univers est un mécanisme parfaitement adapté à votre commande.

- il fera toujours les choses de façon plausible ;
- il produira votre commande de la façon la plus simple et la plus efficace ;
- il fera toujours correspondre exactement votre commande aux images que vous avez transmises et aux émotions que vous lui avez associées.

Quelle sera la preuve finale ?

Voici un autre exemple. Supposons que vous commandiez un mariage heureux. Si vous pouviez choisir une image, une preuve dans le futur qui vous montrerait que votre vœu a été exaucé, quelle serait cette preuve ?

Est-ce que ce serait le moment où votre conjoint vous passe la bague au doigt ? Le moment où vous vous rendez compte, pendant la lune de miel, que vous êtes mariés depuis vingt-quatre heures ? Votre cinquième anniversaire de mariage, lorsque vous êtes assis côte à côte et que vous vous souvenez des moments heureux passés ensemble ? Ou bien lors de votre vingt-cinquième anniversaire de mariage ?

Il n'y pas de bonne ni de mauvaise réponse : la réponse vous est personnelle. La seule chose qui importe est de savoir ce qui vous convaincra d'avoir obtenu ce que vous désiriez.

Imaginons que votre commande cosmique concerne la maison de vos rêves. L'image finale sera-t-elle le moment où vous tournez la clé dans la serrure et où vous pénétrez dans votre nouvelle demeure, en sachant que désormais elle vous appartient ? Ou bien le moment où vous apposez votre signature au bas de l'acte de vente ? Ou peut-être est-ce une image de vous en train de savourer une tasse de thé dans votre nouveau salon.

Pour vous entraîner, reprenez la commande que vous avez copiée à l'exercice précédent. Décrivez maintenant l'image finale avec le plus de détails possible.

Vous pouvez photocopier cette feuille pour l'utiliser chaque fois que vous passerez une commande.

L'histoire de Florence : Dans ses bras

Pour l'image finale, je me suis visualisée sur la plage, dans les bras de l'homme idéal. Il y avait de la musique en fond sonore, comme dans un film, la bande-son de ma vie. Nous regardions un coucher de soleil. À l'époque où je visualisai ceci, j'étais aussi loin que possible d'une plage : je travaillais à Londres, et je n'avais pas de vacances en perspective avant un bon moment.

Un an plus tard, j'étais sur une plage en Californie avec un nouvel homme. Lorsque le soleil se coucha, il me prit dans ses bras, et c'est là que je me souvins de l'image. C'est alors que j'ai entendu de la musique : des gens jouaient du jazz derrière nous. Nous sommes restés ensemble un an.

Créez l'image finale de votre commande cosmique

Commande cosmique de la page 162	Image finale / preuve qui me montrera que j'ai été exaucé

Maintenant relisez ce que vous avez écrit. Est-ce que cela vous convient ?

Transformez votre commande en souvenir futur

Pour que l'univers exauce votre vœu, vous devez créer une image du futur qui soit aussi réelle qu'un souvenir du passé. C'est ce que j'entends par « souvenir futur ».

Comment y arriver ? En vous imaginant d'abord dans votre image finale pour la corriger si besoin est, puis en ajoutant une émotion forte.

1. Considérez l'image que vous avez décrite.
2. Détendez-vous. Si vous avez passé votre commande une étape après l'autre, vous devriez déjà être au niveau alpha, grâce à la respiration rythmée. Cependant, si c'est la première fois, retournez au niveau alpha de la manière habituelle, celle que vous avez utilisée pour les exercices de visualisation à l'étape 5.
3. Lorsque vous faites l'expérience d'un évènement, vous le vivez, instant après instant. On appelle ce sentiment « association ». Lorsque vous vous sentez « associé », ce qui vous arrive vous absorbe complètement. Imaginez par exemple une expérience agréable par le passé : vous la revivez probablement comme si elle se produisait aujourd'hui et maintenant. Vous voyez ce qui se passe autour de vous, à travers vos propres yeux, et vous ressentez probablement les mêmes émotions agréables que lorsque cet évènement s'est produit.
4. Vous allez maintenant faire la même chose pour l'image finale de votre commande cosmique et, ce faisant, vous allez faire de ce futur imaginé une réalité.

Astuce : L'univers est parfait

Votre inconscient est plus sensible aux émotions qu'aux mots. Si vous vous contentez d'exprimer votre commande par des mots, l'univers n'y fera pas attention. Mais lorsque vous essayez l'image, comme un vêtement, et que vous ressentez l'évènement comme s'il vous arrivait ici et maintenant, cette image devient un souvenir futur. Votre inconscient et l'univers ne font aucune distinction entre ce qui vous est arrivé dans le passé et le souvenir que vous avez délibérément placé dans votre futur. Les deux sont aussi réels l'un que l'autre. Et parce qu'il n'y a ni espace ni temps dans la partie non physique de l'univers, peu importe que votre « vrai » souvenir soit dans le passé, et l'image de votre commande cosmique réalisée, dans le futur. En termes cosmiques, ils existent tous deux dans un endroit où il n'y a ni présent, ni futur : c'est pour cela qu'ils ont autant de réalité l'un que l'autre.

5. Entrez dans l'image comme si c'était un évènement qui vous arrivait en ce moment même, de façon à voir ce qui se déroule par vos propres yeux. Regardez autour de vous. Que ressentez-vous ? Que voyez-vous ? Que vous dites-vous ? Qu'entendez-vous ? Quels autres bruits y a-t-il dans l'évènement ? Que touchez-vous ? Quelles émotions vous saisissent ? Souvenez-vous que plus vous éprouvez de sentiments puissants et positifs dans votre visualisation, plus les sentiments qui seront associés à votre commande

seront eux aussi puissants et positifs. Vous êtes en train de créer la réalité de votre futur grâce à la réalité que vous construisez dans le présent. Laissez-vous totalement submerger par l'expérience.

6. Tant que vous êtes dans l'image finale, vérifiez bien que cette image est la meilleure à laquelle vous puissiez penser.
7. Vous allez maintenant sortir de l'image et vous repasser le film de cette scène finale, exactement de la même façon mais comme si vous étiez à l'extérieur, à la fois spectateur et personnage principal du film. Cette fois, au lieu de vivre la scène, vous vous regardez être dans la scène. C'est ce qu'on appelle la dissociation. La dissociation signifie que vous êtes l'observateur d'une expérience. Au lieu d'éprouver sentiments et émotions comme si vous étiez dans l'évènement, vous vous regardez vivre cet évènement. C'est la différence entre un film et une expérience personnelle dans laquelle votre corps est partie prenante.
8. Pour passer une commande cosmique, il est essentiel à la fois d'avoir imaginé ce que ça fait d'être dans l'expérience, et de l'avoir contemplé de l'extérieur, en dissociation. La raison en est que la dissociation permet de parachever le processus, comme si vous mettiez une croix sur votre calendrier pour indiquer le jour de la livraison. L'inconscient stocke les évènements vécus en dissociation comme des évènements futurs. C'est une manière de signifier à votre inconscient que, bien que vous sachiez que cela va se produire parce que vous l'avez ressenti comme si c'était vrai, vous faites la distinction entre vos souvenirs passés et ce souvenir futur.

Rappel

Lorsque vous êtes « associé » :

- vous ressentez, voyez et entendez l'expérience par le biais de vos sens, comme si vous la viviez dans le présent ;
- vous participez à l'expérience que vous voyez « de vos propres yeux » ;
- cela permet d'enregistrer l'expérience dans votre inconscient comme un souvenir.

Lorsque vous êtes « dissocié » :

- vous êtes conscient de l'expérience, mais vous n'êtes pas dedans ;
- vous vous voyez en train de vivre la situation comme si vous regardiez une image ou un film dont vous êtes le héros ;
- vous êtes spectateur de l'évènement ;
- cela permet d'enregistrer l'expérience dans votre inconscient comme un souvenir, mais un souvenir futur, distinct d'un souvenir passé.

L'histoire de Danielle : L'image manquante

Chaque été j'anime un stage de dessin pour des enfants doués. Parce qu'ils ne gagnent pas encore leur vie, je m'efforce toujours de faire en sorte que les enfants trouvent un moyen d'obtenir des subventions. Mais bien que je leur donne beaucoup, je ne reçois pas grand-chose en retour. Il faut toujours que je leur coure après à la dernière minute pour savoir si, oui ou non, ils viennent au stage.

Cette année j'ai décidé d'utiliser la commande cosmique pour m'assurer que tout se passe comme je le voulais. J'ai donc écrit la commande suivante : « Je désire attirer dix groupes d'enfants à ce stage. » J'ai visualisé les enfants en train de m'appeler pour me demander de participer au stage.

Le stage avait lieu en juillet, et j'avais besoin de connaître le nombre définitif de participants avant la fin juin. J'avais reçu des demandes de renseignements de la part de plus de dix groupes, mais seuls sept s'étaient définitivement inscrits. Pourquoi ma commande ne marchait-elle pas ?

C'est alors que je me suis rendu compte de la formulation de ma commande. J'avais seulement demandé d'attirer dix groupes, mais j'avais oublié de demander qu'ils s'inscrivent et paient ! J'ai alors modifié ma commande et l'image que j'avais visualisée, et une semaine plus tard le stage était complet !

3 : CLIQUEZ SUR « ENVOI »

Une fois que vous avez préparé votre commande, elle est prête à partir ; c'est comme si vous vous apprêtiez à appuyer sur la touche « Entrée » de votre ordinateur.

Mais comment appuyer sur ce bouton ?

Voilà le grand secret. Ce bouton « Envoi » n'existe pas. On peut aussi dire qu'il existe des milliers de façons d'appuyer sur ce bouton, et toutes sont bonnes. En effet, une fois que vous avez fait tous les préparatifs, la seule chose qui compte, c'est votre intention et votre conviction que votre commande se réalisera. Lorsque vous passez commande, vous devez avoir une confiance totale en l'univers : vous avez vécu votre commande réalisée, votre inconscient l'a emmagasinée comme souvenir futur, vous avez nourri ce souvenir de l'énergie vitale obtenue par la respiration.

Cependant votre inconscient aime bien les rituels, et notamment les rituels de clôture : voici, ci-dessous, quelques façons de finir votre commande en beauté, après avoir transformé votre commande en souvenir futur.

Choisissez la manière que vous préférez et qui correspond le mieux à votre personnalité.

Six façons de cliquer sur « Envoi »

Vous pouvez aussi en ajouter d'autres.

Formulez votre intention à voix haute. À la fin du processus, exprimez votre intention : « Je veux que cette commande cosmique se réalise de la façon la plus positive possible. »

Ou bien : « Je veux que cette commande se manifeste dans ma vie de la façon la plus positive possible. »

Visualisez votre commande dans le futur. Visualisez-vous en train de placer votre commande dans le futur, comme si vous pouviez ouvrir un espace dans le film de votre vie et y ajouter sans difficulté un épisode, l'image de votre futur, à sa place parmi toutes les images de votre vie.

Postez votre commande cosmique. Brûlez la feuille de papier sur laquelle vous avez rédigé votre commande, en faisant bien entendu attention de ne pas mettre le feu autour de vous ! Choisissez un récipient qui résiste à la chaleur et ne vous absentez pas pendant que le papier brûle. Imaginez que votre commande est transmise à l'univers avec la fumée et les cendres de la feuille. Vous pouvez aussi demander à votre ange gardien de s'en charger pour vous, ou imaginer que vous glissez la lettre dans une boîte aux lettres cosmique, ou encore que vous cliquez sur « Envoi » sur l'Internet cosmique.

Placez votre commande sur un autel. Vous avez peut-être chez vous un coin dans une pièce qui a une atmosphère spéciale et qui vous sert d'autel. Vous pouvez y placer vos commandes cosmiques et allumer une bougie ou brûler de l'encens, ou encore faire un vœu pour que votre commande soit effective.

Si vous n'avez pas d'autel, il est facile d'en fabriquer un. Choisissez un endroit propice ; le coin d'une pièce fera l'affaire, l'autel n'a pas besoin d'être très grand, juste assez pour que vous puissiez y placer quelques objets qui ont de l'importance pour vous. Par exemple, vous pouvez y placer votre boîte à rêves ainsi que d'autres objets, des bougies, des cristaux, des images de votre guide, de votre ange gardien ou de votre saint préféré, ou d'autres symboles mystiques ou religieux, selon vos croyances. Pour alimenter en énergie vos commandes cosmiques, bénissez cet espace en imaginant qu'il est baigné de lumière. Chaque jour, entretenez l'énergie de votre autel en le visualisant entouré de lumière blanche. Vous pouvez aussi mettre les mains au-dessus de l'autel, la main gauche paume vers le haut pour recueillir l'énergie de l'univers, et la main droite paume vers le bas, vers l'autel, pour lui transmettre cette énergie.

Pour intensifier encore l'énergie de l'autel, placez-le dans un endroit plus grand, un endroit qui sera sacré à l'intérieur de votre maison. Choisissez un endroit favorable, voire une pièce tout entière si vous le pouvez, et n'utilisez cet espace que pour votre méditation quotidienne et pour vos exercices de respiration. Cela augmentera l'intensité vibratoire de l'endroit où vous passez vos commandes, de façon qu'elles soient constamment entourées de sentiments positifs.

Marchez vers votre futur. Selon la place dont vous avez besoin, vous pouvez marcher dans une pièce ou à l'extérieur. Imaginez que votre vie se déroule le long d'une ligne depuis votre présent jusqu'à votre futur. Vous saurez instinctivement dans quelle direction dérouler la ligne. Tournez-vous face à votre futur ; la ligne de votre vie peut être longue de quelques pas ou de plusieurs dizaines de mètres. Prenez autant de place que nécessaire : cela peut être extrêmement libérateur de voir votre futur déployé devant vous.

Marchez le long de la ligne vers votre futur. Lorsque vous arrivez à la date à laquelle votre commande doit être livrée, arrêtez-vous un moment et visualisez-vous en train de planter fermement le souvenir futur de votre image finale à cet endroit. Si vous avez plusieurs commandes cosmiques, vous pouvez les planter les unes après les autres à leurs places respectives sur le chemin de votre futur.

Une fois que vous avez terminé, vous pouvez refaire le chemin en sens inverse pour revenir dans le présent, ou continuer à marcher pour voir à quoi ressemble votre futur, modifié par le résultat de vos commandes. Si votre intuition vous commande de vous arrêter à un certain point, écoutez-la. Restez immobile un moment, et demandez à votre inconscient : « Où suis-je dans le futur ? » Une date s'imposera d'elle-même. Demandez-vous : « Qu'est-ce qui se passe à ce moment ? » Voyez quelle est la réponse qui prend forme. Observez aussi ce que vous éprouvez.

Qu'est-ce qui vous vient à l'esprit ? Des images, des pensées, des émotions, des impressions quelconques ? Contentez-vous d'enregistrer ce qui se passe, et demandez-vous : « En quoi cela a-t-il à voir avec ma commande ? » Vous obtiendrez parfois une réponse qui vous donnera une nouvelle perspective sur votre vie, ou des conseils quant aux autres commandes que vous passez. Une fois que vous avez terminé, revenez dans le présent en faisant le chemin en sens inverse.

Livraison par rêve. Vous pouvez aussi poster votre commande juste avant de vous endormir. Asseyez-vous dans votre lit et faites la respiration rythmée. Puis allongez-vous pour visualiser l'image finale, afin de pouvoir vous détendre complètement. Pour parachever le processus, visualisez l'image où vous êtes dissocié de votre expérience : elle s'élève dans l'air au-dessus de votre tête, et glisse toute seule dans une boîte sur laquelle est écrit « Commandes cosmiques ». Lorsque vous vous endormirez et que vous vous mettrez à rêver, votre ange gardien ou l'univers viendront vider la boîte et emporteront votre commande pour la traiter.

Foire aux questions

Quelle est la différence entre passer une commande et l'envoyer ? Est-il obligatoire de cliquer sur « Envoi » pour que ma commande se réalise ?

« Passer commande » décrit ici tout le processus qui consiste à réfléchir à votre commande et à l'envoyer. Dans la réalité, dès que vous avez préparé votre commande selon les étapes décrites précédemment et que vous attendez qu'elle vous soit livrée, l'univers capte vos pensées et les interprète comme une commande. Mais utiliser un rituel pour « envoyer votre commande » est utile, parce que cela permet de convaincre votre inconscient que vous avez fait ce qu'il faut pour votre commande. Cela aide à vous convaincre que la commande sera livrée, ce qui est l'un des ingrédients essentiels de son succès.

Est-ce que je dois répéter l'envoi de la commande ?

Non, pas du tout. Une fois que vous avez utilisé le rituel de votre choix pour clore la commande, vous savez que la commande a été transmise et qu'elle est traitée. Pour pratiquer le détachement, vous pouvez soit brûler la feuille sur laquelle vous avez rédigé la commande, soit la ranger et ne plus vous y intéresser jusqu'au moment où vous pensez que la commande a été livrée.

4 : REMERCIEZ L'UNIVERS PAR AVANCE

Quelle que soit la façon dont vous choisissez de passer commande, finissez toujours par : « Merci d'avoir livré ma commande. »

Cela confirme à l'univers que vous êtes persuadé que votre commande existe déjà et n'attend que d'être livrée à la date convenue.

Si au lieu de dire « merci » vous dites « s'il vous plaît », comme « Je voudrais recevoir ma commande s'il vous plaît », vous suggérez automatiquement qu'il subsiste encore un doute sur la réalisation de votre commande. L'univers captera votre incertitude et votre commande ne réussira pas aussi bien.

Soyez donc concentré, ferme et reconnaissant.

Foire aux questions

Est-ce que je peux passer une commande à la place de quelqu'un d'autre ?

Vous ne pouvez pas vivre la vie des autres à leur place. Chacun de nous a sa liberté et son libre arbitre, dont il se sert pour créer sa propre réalité. En même temps l'idée que nous sommes des êtres totalement indépendants et séparés est un mythe : nous sommes tous réunis et indissociables dans la partie non physique de l'univers. Avez-vous déjà entendu parler du mental de groupe, ou de l'inconscient collectif ? Un ensemble de personnes peuvent créer une réalité commune en partageant des croyances communes : c'est pourquoi certaines familles ou même parfois des pays entiers répètent les mêmes scénarios.

Leurs attentes provoquent des situations récurrentes. Ce que chacun de nous pense influence l'autre. De nombreuses études ont montré que ce qu'un professeur pense d'un élève a tendance à se réaliser : si le professeur est persuadé que l'élève est bon, celui-ci aura de meilleurs résultats. Assurez-vous d'avoir toujours une image mentale positive des gens qui vous entourent.

Est-ce que je peux passer commande pour quelque chose d'insignifiant, comme une place de parking lorsque je vais en ville ?

Bien sûr, l'univers est un entrepôt vaste, abondant, et surtout qui ne juge pas les commandes qui lui parviennent : il vous livrera tout ce qui peut rendre votre vie plus facile et plus agréable, tant que personne n'a à en souffrir.

Si vous voulez vous assurer de trouver une place de parking facilement, ou que votre voiture ou votre maison soient à l'abri des cambriolages, ou si vous voulez toujours éviter les embouteillages, passez votre commande cosmique. Par exemple, visualisez-vous en train de vous garer dans une place spacieuse ; visualisez des routes peu encombrées ; visualisez votre maison, vide mais en sécurité, lorsque vous n'êtes pas là.

Si vous êtes coincé dans un embouteillage, visualisez la circulation qui reprend, et votre voiture qui avance à bonne allure. Vous verrez qu'en quelques instants l'embouteillage disparaîtra.

Les possibilités sont infinies. Les seules limites sont celles de votre imagination.

Résumé de l'étape 6

- Vérifiez l'état de votre commande : assurez-vous qu'elle respecte tous les principes de la commande cosmique, qu'elle est très détaillée, formulée au présent, à la première personne, en des termes positifs, et qu'elle vous est personnelle.
- Vérifiez que votre commande est « écologique », qu'elle s'intégrera bien dans votre « écosystème ».
- Quelle est votre image finale ? Quelle est la preuve future qui vous permettra de savoir sans l'ombre d'un doute que votre commande vous a bien été livrée ?
- Augmentez votre énergie par la respiration rythmée. Vous disposez ainsi de plus d'énergie vitale, et vous amplifiez vos vibrations pour les mettre à l'unisson du cosmos. Cela vous permet aussi d'entrer en état alpha.
- Créez un souvenir futur. Maintenant entrez dans votre commande et vivez-la de l'intérieur. Vivez-la en association, comme si c'était quelque chose qui vous arrivait ici et maintenant.
- Ensuite sortez de votre commande et observez-la en dissociation, comme un film dont vous êtes le personnage principal.
- Cliquez sur « Envoi ».
- Remerciez l'univers, qui est déjà en train de traiter votre commande.

Laissez l'univers décider du comment

ÉTAPE 7

« L'énergie est un éternel délice. »
WILLIAM BLAKE

Croyez, vous verrez plus tard

LORSQUE vous achetez quelque chose dans un magasin, vous savez que votre Carte bleue a été débitée dès que le reçu est imprimé. Avec le cosmos, en revanche, il vous faut fournir vos propres reçus : l'univers ne vous délivre pas de preuve d'achat dès que vous avez passé votre commande. Lorsque vous passez une commande cosmique, il vous faut d'abord croire avant de voir, au lieu de voir pour croire.

La seule façon d'obtenir que votre commande vous soit livrée est d'être intimement convaincu que, dès l'instant où vous avez visualisé votre image finale et formulé votre intention au cosmos, votre commande a bien été reçue et va être traitée. Une commande cosmique ne fonctionne que si vous abandonnez tout attachement à son résultat.

Faites confiance

Cela signifie que vous faites entièrement confiance à l'univers, que vous croyez en son pouvoir et que vous lui permettez de vous livrer votre commande.

Oui, vous pouvez vous permettre d'observer les signes qui vous feront savoir que vous êtes sur la bonne voie et que vous recevrez bientôt ce que vous avez demandé. Oui, vous pouvez agir de façon à favoriser l'obtention du résultat désiré. Et même, agir dans ce sens est le signe que vous croyez vraiment que vous obtiendrez ce que vous avez demandé. C'est un engagement que vous prenez envers l'univers, en choisissant de laisser du temps au temps. En retour, l'univers mettra parfois sur votre chemin une « coïncidence », un « hasard » qui vous fera savoir que votre commande est en route. Nous y reviendrons.

Mais, et c'est là que réside le paradoxe, vous ne devez pas chercher ces signes, et surtout pas les chercher fiévreusement. Dès que vous faites cela, le message que vous envoyez à l'univers est en fait le suivant : « Je ne te fais pas confiance. Donne-moi des preuves que ma commande est en route. » La seule raison pour laquelle vous pourriez vouloir vous comporter ainsi serait que vous désirez votre commande avec trop d'attachement, ou que vous voulez contrôler la façon dont l'univers vous fera parvenir votre commande. Ni l'un ni l'autre ne sont une bonne idée.

Laissez la porte du four fermée

Vous savez très bien ce qui se passe lorsque vous ouvrez la porte du four toutes les cinq minutes pour vérifier que votre gâteau cuit comme il faut : le gâteau ne cuit pas plus vite, et vous pouvez même faire rater la cuisson. Vous avez certainement un rôle important à jouer dans la fabrication du gâteau : vous choisissez la recette, rassemblez et mélangez les ingrédients, réglez la température du four et le temps de cuisson. Mais le gâteau ne peut pas cuire plus vite qu'il ne le fait. Et vérifier sans cesse n'y change rien, le gâteau ne sera pas prêt plus vite.

De la même façon que vous pouvez rater un gâteau en vous faisant trop de souci pour sa cuisson, vous pouvez rater votre commande cosmique en vous inquiétant trop de sa livraison.

Voici une autre analogie : lorsque vous plantez une graine dans le sol, que se passerait-il si vous creusiez tous les jours pour vérifier si elle pousse ? La graine mourrait sûrement. Il vous faut faire confiance à la nature et être convaincu que la pousse finira par montrer son nez, avant de faire de magnifiques fleurs.

Lorsque vous passez une commande cosmique, il vous faut accepter de ne pas avoir de nouvelles pendant un moment.

Foire aux questions

Pourquoi arrive-t-il que mes commandes soient livrées au moment où j'ai complètement oublié les avoir passées ?

Cela a à voir avec le détachement. Voici un exemple : un couple désire un enfant, mais il s'avère qu'ils ne peuvent pas. Ils n'essaient plus de concevoir et adoptent un enfant ; c'est alors que la femme tombe enceinte. Comment cela se fait-il ? Le couple voulait un enfant désespérément, mais le mot-clé est « désespérément » : ils étaient trop attachés au résultat. Lorsqu'ils ont porté leur attention sur l'enfant adopté, ils ont abandonné leur attachement, mais pas leur désir d'avoir un enfant, et cela a permis à l'univers de livrer la première commande.

Est-ce que je peux arriver à commander quelque chose pour une date précise, tout en faisant preuve de détachement ?

Il est tout à fait possible de passer une commande avec une date précise. Vous pouvez même commander quelque chose pour dans une heure et l'univers vous le livrera. L'espace et le temps n'ont aucune importance dans la partie non physique de l'univers : pour lui cela ne fait aucune différence que vous vouliez obtenir votre commande dans une heure ou dans un an. Cependant, vous pouvez penser avoir plus de contrôle sur le futur proche que sur le futur lointain. C'est pourquoi beaucoup de gens trouvent plus facile de faire preuve de détachement vis-à-vis de leurs commandes lointaines parce qu'à cette distance ils ne peuvent pas contrôler les évènements.

Laissez faire l'univers, il s'y connaît mieux que vous

Pratiquer le détachement signifie aussi que vous abandonnez l'idée de contrôler la façon dont l'univers vous livrera votre commande. L'univers vous fera parvenir ce que vous désirez de la façon qui lui semble la plus efficace.

Votre rôle dans le processus de création est de décider le *quoi*. Le rôle de l'univers revient à décider du *comment*.

L'histoire de Vincent : L'univers sait ce qui est bon pour vous

J'ai toujours adoré raconter des histoires. J'ai donc décidé de démissionner de mon emploi de formateur, où j'étais très bien payé, pour écrire des romans. Pendant deux ans j'ai vécu sur mes économies et je me voyais déjà pondre un best-seller digne de John Grisham. Raconter des histoires était ma passion, depuis tout petit, et peu m'importait quel genre de livre j'écrirais ; je devais encore rembourser le crédit pour la maison, ainsi que nourrir ma famille, et je décidai donc de me concentrer sur un genre qui avait plus de chances d'être un succès commercial. Au départ je souhaitais y consacrer seulement un an, mais à la fin de la première année je n'avais pas fini mon roman, et ma femme accepta de continuer à travailler encore un an. Je continuai à écrire et à m'occuper des enfants. Encore un an plus tard, nous étions à court d'argent. Mais juste avant la date limite dont nous étions convenus, je terminai mon livre et l'envoyai à plusieurs éditeurs. Quelques-uns seulement prirent la peine de me répondre, mais aucun n'était intéressé. Je m'y attendais et j'étais convaincu que quelque chose allait se produire rapidement. Après tout, je savais que j'étais fait pour ça.

Quelque temps plus tard, je n'avais toujours aucune réponse et mes économies étaient presque à sec. Ma femme, dont le soutien avait été sans faille pendant tout ce temps, était à nouveau enceinte. Un soir, nous eûmes une conversation animée, et elle exigea que je cherche au moins un emploi à mi-temps. Par hasard, quelques jours plus tard je rencontrai un ancien collègue au supermarché. Lui aussi avait démissionné, mais pour devenir formateur dans une autre entreprise. Il me dit que cette entreprise employait des gens à temps plein et à temps partiel. Il me donna le nom d'un responsable et son numéro de téléphone.

Je contactai l'entreprise, et je me mis à travailler pour eux de temps en temps, puis à développer des formations. Deux mois seulement après cet épisode, le responsable des formations vint me trouver et me demanda de développer une nouvelle formation : il s'agissait d'utiliser des anecdotes et des histoires pour motiver les employés et leur montrer comment transmettre leurs connaissances à d'autres. Bien sûr, je sautai sur l'occasion. Maintenant, j'anime aussi ces formations dans d'autres entreprises : je savais bien que j'étais fait pour raconter des histoires. Écrire un roman ne m'intéresse plus, parce que ce que je fais me ressemble mieux. Finalement, j'avais raison, mais quelqu'un d'autre savait mieux que moi comment utiliser mon talent !

Soyez patient : souvent on ne comprend toute l'histoire qu'à la fin

Si vous avez déjà essayé de reconstituer un puzzle un tant soit peu compliqué, vous savez ce que c'est : on est attiré par la belle photo du puzzle fini sur la boîte, mais une fois le puzzle commencé on arrive à un point où on a l'impression que jamais on n'arrivera à le terminer. Vous vous souvenez certainement être assis avec l'image devant vous, sachant exactement quel résultat vous devez obtenir, mais désespéré à la vue de ces dizaines de petits morceaux aux formes étranges : des touches de couleur ici et là, qui ont l'air, ou pas, d'avoir un rapport avec l'image finale. Au début, ces morceaux donnent l'impression que jamais ils n'iront les uns avec les autres, ni qu'ils formeront une image qui ressemblera à quoi que ce soit, sans même parler de l'image sur la boîte. Bien que la photo sur la boîte vous serve de guide, vous êtes désemparé au début.

Vous commencez avec une pièce du puzzle, et vous essayez d'en trouver une autre qui va avec, puis une deuxième, puis une troisième. Au fur et à mesure, en vous aidant de l'image finale sur la boîte, vous commencez à former et à reconnaître certaines parties. Vous continuez à chercher des pièces dont la couleur ou la forme conviennent, et soudain vous vous rendez compte que l'image est de plus en plus claire et que vous aurez bientôt fini.

Votre image finale est déjà devant vous. Vous n'avez pas encore trouvé toutes les pièces du puzzle qui vous y mèneront, mais dès l'instant où vous avez passé votre commande, la première pièce était en place et la photo était sur la boîte. Pièce après pièce, même si vous n'avez pas l'impression d'avancer, l'univers construira la réalité que vous désirez. Votre rôle consiste seulement à vous souvenir de temps de temps de la direction générale dans laquelle vous allez : l'image finale que vous avez placée dans votre futur.

Rappel

L'univers sait où vous êtes et comment vous trouver. Que vous soyez à une soirée, en train de marcher dans la rue, assis devant la télé ou en voyage au Pérou, cela n'a aucune importance. Si votre commande doit arriver, le service de livraison vous trouvera et vous la fera parvenir par quelque moyen que ce soit.

Agissez pour rester sur la bonne voie

Le lapin et la souche

Il était une fois un fermier qui travaillait très dur pour gagner misérablement sa vie dans une région aride et pauvre. Au milieu de l'un de ses champs il y avait une souche, là où un arbre avait été coupé.

Une nuit un lapin énorme, dans sa course, percuta de plein fouet la souche : il se brisa le cou et mourut. Le lendemain matin lorsque le fermier traversa son champ, il trouva le lapin et déborda de joie. Il était persuadé que la chance avait tourné, et qu'il n'aurait plus jamais besoin de travailler. Il jeta tous ses outils, vendit sa charrue et s'assit à côté de la souche nuit et jour, en attendant qu'un autre lapin s'y brise le cou. Mais bien sûr, nuit après nuit, jour après jour, aucun lapin ne vint, et le fermier devint la risée de la région.

HISTOIRE TRADITIONNELLE

Savoir que l'univers vous fera de toute façon parvenir ce que vous désirez n'est pas une raison pour vous contenter d'attendre tranquillement. Vous pouvez, et vous devriez, agir pour aller vers ce que vous désirez.

Comme le dit le proverbe : « Aide-toi, le ciel t'aidera. » Agir montre que vous croyez au succès de votre commande. Si vous n'agissez pas, l'univers ne voudra pas croire que vous vous êtes engagé envers votre rêve.

Comment l'univers vous exauce

Mais il y a encore un paradoxe : vos actions ne vous mèneront peut-être pas au résultat de la façon que vous espérez.

Agir pour obtenir ce que vous désirez montre que vous êtes concentré sur votre but : en agissant, vous persuadez l'univers que vous êtes fermement convaincu que votre commande sera livrée, et donc il vous livre. Mais l'univers vous livrera de la façon qu'il juge la meilleure.

Comment agir

Alors que faire ? Tout d'abord, entreprenez toute action dont vous pensez qu'elle vous rapproche de votre but, même si les retombées ne sont pas immédiates. Par exemple, si vous cherchez un ou une partenaire, commencez par vous rendre dans des endroits où vous pourrez rencontrer du monde, inscrivez-vous sur un site de rencontres, ou prenez des cours de danse. Peut-être pensez-vous que vous n'y rencontrerez pas les bonnes personnes, mais cela n'a aucune importance : vous montrez toujours votre engagement.

Ensuite, lorsque vous agissez, faites-le progressivement. Le philosophe chinois Lao-tseu le dit très bien, lorsqu'il énonce, comme La Fontaine après lui, que « patience et longueur de temps font plus que force ni que rage ». Lao-tseu remarque que les dents sont l'une des parties les plus dures du corps, mais qu'elles tombent souvent dès que l'on se fait un peu vieux, tandis que la langue est l'une des parties les plus molles : pourtant elle dure jusqu'à votre mort. Un arbre au tronc puissant peut être renversé par la tempête, mais l'eau, liquide et sans dureté, peut finalement user la pierre la plus dure.

Nul besoin d'être dur, nul besoin d'être fort, nul besoin de vouloir tout plier à sa volonté, nul besoin de lutter pour obtenir ce que vous désirez dans la vie. Il vous suffit de faire preuve de concentration et de foi.

Le comment est toujours un processus sans effort. Après avoir envoyé votre commande, contentez-vous de rester concentré sur ce que vous désirez, agissez dans la bonne direction et en même temps oubliez votre commande. Ne vous préoccupez que d'être présent dans le moment.

Vous pouvez comparer votre cheminement à un bateau que des rameurs font descendre le long d'une rivière. Avec la proue, pointez dans la direction dans laquelle vous voulez aller. Ramez sans relâche mais tranquillement, tout en appréciant la beauté du paysage. Laissez-vous aller au rythme de la rivière. Pas besoin d'aller contre le courant, puisque vous descendez le fleuve. Laissez simplement le bateau suivre sa course au milieu d'un paysage enchanteur.

Faites donc tout ce que vous pouvez pour garder le cap, et vous attirerez sans effort les personnes et les circonstances favorables. Faites confiance à l'univers, qui s'occupera du comment.

Ayez confiance, et tout se fera en votre faveur, parce que vous êtes en harmonie avec le rythme de la vie.

L'univers vous envoie des signes

LORSQUE vous demandez quelque chose qui doit vous être livré loin dans le futur, comment entretenir votre engagement et votre foi pendant tout ce temps ?

L'univers nous donne des indices pour nous confirmer que notre commande est en chemin : ce sont ce que nous appelons des coïncidences.

Ces coïncidences sont parfois précédées de pressentiments, de rêves ou d'intuitions. Si votre commande est de changer de métier, peut-être allez-vous soudain croiser un panneau publicitaire qui dit : « Êtes-vous prêt à changer de métier ? »

Vous préférez peut-être une relation amoureuse qui dure. Vous avez pris pour modèle de votre partenaire idéal une star du cinéma. Et soudain vous avez l'impression que chaque magazine qui vous tombe sous les yeux parle de cette star.

Ou alors vous voulez vérifier que vous croyez vraiment qu'il est possible d'être heureux en amour parce que c'est ce que vous avez demandé. Vous entrez dans un restaurant, et à la table à côté de la vôtre se trouve un couple. Soudain l'homme met un genou à terre et vous le voyez demander sa petite amie en mariage.

Ou encore vous avez une idée précise de ce à quoi doit ressembler votre voiture idéale, mais on n'en trouve que d'importation dans votre pays. Un jour vous vous trompez de direction, tournez dans la mauvaise rue et une voiture exactement comme celle que vous désirez est là, garée au bord du trottoir.

Lorsque l'univers vous envoie ce genre de signaux, il vous montre que vous faites bien de garder confiance. C'est une manière de vous dire : « Courage ! Attends juste encore un peu plus ! Les forces de l'univers sont de ton côté ! »

Foire aux questions

Quel genre de choix ou d'opportunité représente un signe de l'univers ?

Ce peut être l'offre d'emploi que vous trouvez par le plus grand des hasards et qui n'a pas l'air d'être un choix raisonnable mais qui finalement vous amène à l'emploi que vous désiriez. C'est l'invitation à un dîner auquel vous ne voulez pas aller parce que vous avez peur de vous ennuyer, mais où vous rencontrez l'âme sœur. Ou bien c'est l'embouteillage qui vous oblige à prendre un autre chemin pour rentrer chez vous, et qui vous fait passer devant la maison de vos rêves, en vente, bien que vous ne vous rendiez compte que c'est la maison de vos rêves que beaucoup plus tard.

Ces coïncidences sont la chance qui vous saisit par la manche dès que vous lui donnez l'occasion de se manifester. Elles peuvent amener des changements profonds, dans votre situation ou dans votre conception de la vie.

Comment savoir si je dois profiter de l'opportunité ?

Le seul indice sera votre intuition. Suivez votre instinct et vous ne serez pas déçu.

Un choix et une opportunité

Souvent ces signaux prennent la forme d'une opportunité : vous vous retrouvez devant un choix. Une coïncidence de ce genre peut précéder un changement soudain dans votre situation, ou annoncer une opportunité qui, si vous la suivez, vous dirigera vers l'évènement ou l'endroit où votre commande vous attend.

Eurêka !

Parfois la coïncidence est une pensée qui vous vient quand vous vous y attendez le moins : ce moment où vous vous dites « Eurêka ! » précède un bond en avant dans votre réflexion et vous montre la voie vers votre rêve. Un exemple fameux en est Albert Einstein. En 1907 il pensa soudain « Une personne en chute libre n'a pas de poids », et peu après il mit au point sa nouvelle théorie de la gravitation dans sa théorie générale de la relativité.

L'histoire de Diane : Le prince charmant inattendu

J'avais demandé au cosmos un petit ami. Parce que je ne voulais pas m'attacher au premier venu dès que je penserais que c'était le bon, je demandai qu'il apparaisse de la façon la plus inattendue possible. Mais parce que je voulais que les choses changent vite, je choisis comme date le mois de novembre. Je savais que ce mois-là je serais en déplacement la plupart du temps, et que j'irais dans tout un tas d'endroits intéressants, aux États-Unis et en Europe. Je m'imaginais que, si un petit ami devait apparaître dans ma vie de façon inattendue, il était probable qu'il se présente dans un endroit inconnu, où je rencontrerais de nouveaux visages, et où je n'avais jamais été.

Je m'achetai de nouveaux vêtements, je passai chez le coiffeur, et me voilà partie. En trois semaines, je ne rencontrai personne. Je rentrai chez moi et je me dis : « Ça n'a pas marché. » J'étais hors de mon environnement quotidien, j'étais sortie autant que je pouvais, et personne n'était apparu.

Quelques jours après mon retour, un dimanche, j'allai chez des amis pour bruncher. Parce que c'étaient des amis de longue date, j'y allai un peu en négligé, sans me laver les cheveux, en jogging, avec un vieux tee-shirt. Mon amie Jill et moi-même étions dans la cuisine en train de préparer à manger, tandis que son mari était dehors et réparait la voiture, qui avait un problème de moteur je crois. Lorsque le brunch fut prêt, Jill l'appela. Mais son mari n'arrivait pas, le brunch refroidissait et Jill s'impatientait. Finalement, son mari arriva, accompagné d'un ami à lui, qui visiblement était venu l'aider.

Parce que l'ambiance était un peu tendue, je me contentai de profiter du brunch sans vraiment faire attention à lui. En fait, sur le moment je ne le remarquai même pas. Après le brunch nous nous sommes assis au salon pour regarder du sport à la télé. Je ne lui avais toujours pas parlé. Il s'assit à côté de moi et nous échangeâmes quelques mots, mais vraiment je ne faisais pas attention à lui.

Puis vers la fin de l'après-midi il me proposa de me ramener chez moi.

Il s'arrêta devant chez moi, m'embrassa sur la joue et, au moment où j'allais sortir de la voiture, il me dit : « J'aimerais te revoir. »

Quelques jours plus tard nous avions notre premier rendez-vous. Qui fut suivi de nombreux autres. Ce n'est que quelques semaines plus tard que je me rendis compte que mon nouveau petit ami était apparu en novembre, l'un des derniers jours, et de la façon la plus inattendue qui soit. Bien entendu, puisque je m'attendais qu'il se présente pendant que j'étais en voyage, et puisque je ne pensais pas pouvoir rencontrer quelqu'un de nouveau par le biais de mes amis : je pensais connaître tous leurs amis depuis longtemps déjà.

Gardez votre commande secrète

APRÈS avoir passé votre commande, le mieux est de la garder secrète. Pourquoi ? Tout d'abord parce que ce que vous commandez ne regarde que vous.

Ensuite, que se passe-t-il lorsque vous parlez de vos projets ? Parfois, certains vous soutiendront. D'autres vous diront que vous n'êtes pas réaliste. D'autres encore penseront que vous êtes fantasque. Amis et famille seront prêts à vous donner des conseils, et vous diront de garder les pieds sur terre, de faire preuve d'esprit pratique. Seules une ou deux personnes vous demanderont peut-être ce qu'elles peuvent faire pour vous aider.

Le problème est que, dès que vous faites part de vos désirs autour de vous, l'image que vous en avez pourrait être déformée et encombrée par leurs croyances et leurs opinions. L'énergie et la concentration que vous déployez pour atteindre votre image finale s'en trouveront affaiblies.

Et si vous avez demandé quelque chose de vraiment grand ? Vos amis seront-ils prêts à croire que vous méritez de toucher le gros lot ? Seront-ils jaloux ? Ou peut-être voudront-ils vous protéger contre vos illusions ?

Et même si tout le monde autour de vous est de votre côté et vous soutient pour que vous obteniez votre nouvelle voiture, votre nouvelle carrière, votre succès sportif, que peuvent-ils ajouter au fait que vous obteniez ce que vous désirez ? Après tout, si vous êtes à cent pour cent sûr que l'univers vous donnera ce que vous désirez, vous n'avez pas besoin de leur opinion pour vous rassurer. Et vous n'avez certainement pas besoin de leurs doutes.

Astuce : Commander une relation amoureuse

Si vous visualisez une personne avec qui vous voudriez trouver l'amour, et que vous créez votre partenaire futur d'après quelqu'un que vous connaissez, faites toujours bien attention de flouter son visage dans votre visualisation. Votre commande ne marchera pas si, par exemple, vous donnez à votre idéal les traits de Tom Cruise, parce qu'il se peut qu'au même moment Tom Cruise soit en train de passer une commande cosmique pour rencontrer quelqu'un qui n'a rien à voir avec vous. En revanche vous pouvez formuler votre commande ainsi : « Je veux trouver un partenaire qui ressemble à Tom Cruise » ou bien « qui a toutes les qualités que je perçois chez Tom Cruise. »

L'histoire de Carla : Le prince charmant a eu un petit contretemps

À l'époque j'habitais pour un an en France et j'étais tombée amoureuse (avec le recul je dirais que c'était de l'obsession plutôt que de l'amour). J'avais rencontré un homme qui travaillait pour la même entreprise que moi, mais en Allemagne. Roy semblait être l'homme idéal : beau, plein d'humour, intelligent… La seule chose, c'est que j'ai découvert, juste après l'avoir rencontré, qu'il avait une petite amie. Je n'avais pas envie de sortir avec quelqu'un qui était déjà pris, et je lui demandai donc s'il comptait rester avec sa petite amie. Il m'avoua que c'était presque fini.

J'avais du mal à le croire. J'avais déjà souffert à cause des hommes par le passé. Je passai donc commande auprès de l'univers pour une relation amoureuse.

Je visualisai un homme comme Roy, amoureux de moi. Je savais que je ne pouvais pas demander à l'univers de me donner Roy lui-même, parce qu'il n'est pas possible d'obtenir que quelqu'un tombe amoureux de vous. Mais j'écrivis sur un morceau de papier que je sortais désormais avec un homme qui avait toutes les qualités de Roy. Un homme qui était disponible pour moi. La preuve grâce à laquelle j'allais savoir que mon rêve était devenu réalité serait que cet homme semblable à Roy me prendrait dans ses bras et me dirait : « Tu n'a aucun souci à te faire. Je prendrai soin de toi. » Bien que la première image qui me vint à l'esprit était Roy me prenant dans ses bras, je pris bien soin de flouter ses traits dans mon image finale de façon à ne pas trop m'attacher à l'idée que ce serait Roy, mais plutôt que ce serait un homme comme Roy (mais bien entendu ce que je pensais était : « Je veux que ce soit Roy »).

Pendant un an, rien. Je parlais à Roy presque tous les jours au téléphone. J'avais tout un tas d'excuses liées au travail pour l'appeler. Lorsque je le voyais, c'était merveilleux, mais je savais qu'il continuait à voir sa copine. Je me demandais pourquoi l'univers ne me donnait toujours pas Roy. Après tout, c'était l'homme idéal pour moi. J'allais voir une thérapeute qui me recommanda de l'oublier, mais je ne pouvais pas. Puis je partis en vacances pour trois semaines. Pendant ces vacances je me rendis compte que je devais vraiment faire quelque chose pour ne plus être obsédée ainsi. Je me décidai à envoyer ma candidature pour un autre emploi en Angleterre ; je me sentais épuisée moralement. Je m'apprêtai à prendre un gros risque financier et à suivre une formation de professeur de yoga. Deux mois plus tard je quittai l'entreprise. Roy me promit qu'il resterait en contact, mais je savais qu'il n'en ferait rien.

Je partis donc pour une formation de yoga au soleil quelques semaines après avoir quitté l'entreprise. Une nuit, je restai à l'hôtel à bavarder avec le prof et un groupe d'autres participants. Peu à peu les autres allèrent se coucher et je restai seule avec le prof. Soudain il me prit dans ses bras puis il m'embrassa. Nous fîmes une longue promenade de deux heures. Je lui dis que j'étais inquiète parce que je pensais que mon nouveau métier ne me donnerait pas de sécurité financière. Il me prit dans ses bras et me dit : « Tu n'a aucun souci à te faire. Je prendrai soin de toi. » Deux mois plus tard nous nous installions ensemble.

Maintenant que j'y repense, je me rends compte que ma commande ne pouvait pas me parvenir tant que je n'avais pas abandonné l'idée que l'homme idéal était Roy. Oui, Stefan a toutes les qualités que j'attribuais à Roy. Et puis il s'est avéré que Roy n'avait pas ces qualités de toute façon. Je les avais juste projetées sur lui. En fait j'ai appris par la suite qu'il trompait sa copine avec au moins deux autres femmes. L'univers savait mieux que moi ce qu'il me fallait.

Comment rester concentré sur le long terme

IL SE PEUT que votre commande vous parvienne en quelques jours, mais il se peut aussi que vous deviez rester concentré pendant un temps beaucoup plus long. Utiliser des symboles et des mantras personnels sont des moyens efficaces de garder votre énergie et votre concentration fixées sur l'image finale de ce que vous désirez, tout en conservant votre détachement.

Mantras personnels

Un mantra personnel est un mot que vous choisissez pour symboliser l'idée et l'énergie de ce que vous voulez que votre commande cosmique manifeste dans votre vie. C'est un mot unique que vous pouvez répéter autant de fois que vous le voulez. Comme les mantras du yoga, un mantra personnel calme le mental conscient et dégage un chemin vers votre inconscient.

Pour apprendre à marcher sur des braises, il faut choisir un mot à répéter sans trêve pendant tout le temps que vous devez avancer sur les charbons ardents. Répéter ce mot vous permet d'écarter touts les pensées de brûlure tandis que vous marchez sur les braises ; au lieu de cela, vous visualisez simplement l'image finale où vous êtes arrivé de l'autre côté avec succès. Votre esprit conscient est tellement occupé par le mot qui vous donne de l'énergie qu'il n'a pas le temps de penser à tous les doutes et toutes les peurs qu'il pourrait avoir autrement – il se concentre uniquement sur son but.

Pour démontrer à quel point un mot d'énergie peut être efficace, demandez à un ami de prononcer le mot « non » tandis que vous appuyez sur sa main tendue devant lui. Maintenant répétez l'expérience en lui demandant de dire « oui » : vous devriez remarquer que son bras offre beaucoup plus de résistance lorsqu'il utilise un mot positif qu'un mot négatif.

Comment créer un mantra personnel

Pour toutes les situations futures où vous avez besoin de vous sentir plus positif :

1. Pensez au sentiment que vous voulez éprouver pour le recréer ici et maintenant. Par exemple, si vous voulez réussir une prise de parole en public, concentrez-vous sur un sentiment de confiance ou de calme.
2. Choisissez un mot qui représente l'énergie que vous voulez créer à ce moment-là. Par exemple « efficace », « à l'aise », « détendu », « confiant ».
3. Ressentez le sentiment et visualisez votre mantra personnel, tout en pressant le bout du pouce contre le bout de l'index et en répétant le mot trois fois. Cela imprimera le mot et le sentiment associé dans votre inconscient.
4. La prochaine fois que vous répéterez le mot, appuyez en même temps l'index contre le pouce et vous susciterez le sentiment positif.

Symboles

Un symbole est une image ou une représentation de ce que vous voulez. Vous pouvez utiliser le tableau de vos rêves et votre boîte à rêves (voir chapitre 2) pour conserver les images et les symboles qui vous inspirent et entretiennent votre motivation. Vous pouvez aussi utiliser la visualisation pour vous représenter une seule image et créer une impression générale de ce que vous voulez obtenir dans votre vie. Supposons que vous ayez passé commande pour une relation amoureuse : dans le même temps vous pouvez générer un sentiment général de ce que cela fait d'être dans une relation amoureuse en vous concentrant sur un symbole unique qui représentera la relation future. Vous serez toujours capable de pratiquer le détachement de votre commande pour la simple raison qu'un symbole est vague et général.

Créer la prospérité

Voici un exemple pour manifester la richesse matérielle dans votre vie. Quelles que soient les commandes que vous avez déjà passées en relation avec l'argent, vous pouvez les renforcer avec cette visualisation, ou une visualisation similaire de votre choix.

1. Fermez les yeux et imaginez qu'il y a devant vous une table. La moitié de la table est couverte d'or et de bijoux. L'autre moitié est complètement recouverte de billets de banque. Regardez bien les billets et vous verrez que ce sont les plus grosses coupures possible. Il y en a tellement que vous n'arrivez même pas à les compter.
2. Tout en regardant l'image, suscitez les sentiments que vous associez à la richesse.
3. Pour recréer cette image dans votre inconscient quand vous le voulez, choisissez un mantra personnel à associer à l'image. Chaque fois que vous voulez retrouver le sentiment de richesse, répétez le mot. Par exemple : « prospérité », « richesse », « abondance ».

Créer une relation amoureuse

Quel symbole vous conviendrait si vous vouliez créer une relation amoureuse ? Ou même trouver l'âme sœur ? Un cœur est un symbole évident qui fonctionne pour de nombreuses personnes. Vous pouvez trouver un petit cœur en verre, ou bien découper un cœur en papier et le colorier en rouge. Choisissez un mantra personnel à associer avec le cœur. Vous pouvez bien sûr tout simplement utiliser le mot « cœur ».

1. Imaginez qu'un lien vous relie à la personne de vos rêves, un lien qui part de votre cœur pour arriver au sien. Chaque nuit avant de vous endormir, visualisez votre futur partenaire.
2. Voyez comme le lien qui vous relie dégage une lumière blanche pleine de vie et d'énergie. Sentez la présence de votre partenaire. Sentez comme c'est bon d'être amoureux l'un de l'autre.
3. Choisissez un mantra personnel pour recréer ce sentiment à n'importe quel moment. Quel mot est le plus approprié ? « Joie », « bonheur », « amour », « félicité » ?
4. Et si vous voulez non seulement une relation amoureuse mais aussi un mariage ? Un symbole souvent choisi est l'anneau de mariage. Pour recréer le sentiment d'être marié, achetez-vous un anneau (il n'a pas besoin d'être cher : un anneau à 1 € marche aussi bien qu'un anneau à 1 000 € !). Chaque nuit avant de vous coucher, enfilez l'anneau. Recréez le sentiment que vous évoque le mariage, puis laissez-vous glisser dans le sommeil. Choisissez un mantra personnel si vous le souhaitez pour susciter ce même sentiment à n'importe quel moment de la journée.

Créer un corps mince

Pour perdre du poids vous allez avoir besoin d'une motivation soutenue pendant plusieurs mois.

1. Passez votre commande comme d'habitude. Visualisez l'image finale de votre nouvelle silhouette après la perte de poids. Ressentez bien le sentiment d'euphorie que vous procure votre nouvelle silhouette. Assurez-vous de bien aller vers ce que vous désirez, au lieu de vous en éloigner. Assurez-vous que vos croyances sont en harmonie avec ce changement. Pourquoi est-ce important pour vous d'être mince ?
2. Choisissez maintenant un mantra personnel pour symboliser votre nouvelle silhouette. Par exemple « mince », « séduisant(e) », « beau/belle ».
3. Associez à ce mot des sentiments positifs aussi puissants que possible. Ressentez à nouveau le sentiment associé pour vous au fait d'être mince et heureux.
4. Si vous le souhaitez, vous pouvez choisir un symbole pour accompagner ce mot.
5. Chaque fois que vous évoquerez le symbole et le mantra personnels, votre inconscient se souviendra des sentiments positifs que lui procure le fait d'être mince et heureux.

L'histoire de Julien : L'essai d'anthologie

J'ai grandi dans une petite ville du sud de la France. Enfant je m'entraînais à marquer des essais avec mon grand frère, qui jouait dans l'équipe locale et a eu plus tard beaucoup de succès dans son équipe à l'université. Comme tous les garçons dans notre ville, nous adorions tous les deux le rugby, nous voulions tous être le prochain champion. Des années avant de faire partie d'une équipe, alors que j'étais encore à l'école primaire, je rêvais que, un jour, je marquerais l'essai décisif. Le soir, allongé dans mon lit, j'imaginais que j'étais sur le terrain : la tension était à son comble, il y avait beaucoup de pression, et je me voyais, sous les acclamations de la foule, marquer ce fameux essai. Je ressentais très bien l'excitation et la montée d'adrénaline et j'entendais clairement les cris de la foule. Ce n'était pas un objectif conscient : ces visions m'apparaissaient comme quelque chose que j'avais déjà fait, mais j'avais le sentiment que cela devait se produire dans le futur.

Dix ans plus tard, je devins demi d'ouverture pour l'équipe A de mon université, mais je ne jouais jamais à cause de ma petite taille. Je ne comprenais vraiment pas pourquoi je ne jouais pas, parce que j'avais toujours su que j'aurais un rôle important dans l'équipe. Lors du dernier match de la saison, le plus important, nous étions en train de perdre à quelques minutes de la fin.

J'entrai alors sur le terrain comme remplaçant, mais nous étions donnés comme perdants. Soudain, une occasion se présenta et la vieille vision devint réalité : je marquai l'essai décisif, car nous avions absolument besoin de gagner ce match pour être sélectionnés. Par la suite nous avons gagné le championnat universitaire national. Pendant ce championnat, je marquai à nouveau un essai : l'excitation était à son comble, parce que nous avons remporté le match avec une bonne avance, et en plus contre la même équipe contre laquelle nous avions déjà gagné lorsque j'avais marqué cet essai décisif des semaines plus tôt. Chaque fois, à la mi-temps nous étions donnés pour perdants. J'avais toujours rêvé de jouer un rôle – clé sur le terrain et d'être demi d'ouverture. C'était quelque chose que j'avais imaginé tant de fois comme s'étant déjà produit dans le passé, bien qu'en réalité mon vœu ait été exaucé plus tard.

Foire aux questions

Pourquoi ma commande cosmique met-elle si longtemps à me parvenir ?

Vérifiez que vous avez bien suivi les sept étapes comme il faut. Les blocages les plus courants ont à voir avec vos croyances ou avec vos sentiments. Plus vous accompagnerez votre commande d'émotions et de sentiments positifs et puissants, plus forte sera votre intention de la manifester. Soyez patient, votre commande cosmique vous parviendra, ou bien l'univers vous fournira quelque chose de meilleur encore.

Est-ce que je peux annuler une commande dont je ne veux plus ?

Oui, bien sûr. Dès l'instant où vous arrêtez de désirer quelque chose, l'univers arrêtera le processus de livraison. Vous n'avez pas à vous en occuper, parce que l'univers capte constamment vos pensées.

Vous pouvez aussi modifier ou remplacer vos commandes. Par exemple, vous avez passé plusieurs commandes sur une période de douze mois. Or, lorsque vous recevez la première commande quelques mois plus tard, vous vous rendez compte que vous ne voulez plus des autres commandes, mais que vous avez une nouvelle vision de ce que vous voulez à la place.

Écrivez simplement vos nouvelles commandes selon les principes du chapitre 3, et passez vos commandes comme vous l'avez fait auparavant. L'univers se préoccupera immédiatement de vous livrer vos nouvelles commandes.

Et pour finir : reconnaissez vos succès

QUEL EST le meilleur moyen de savoir quand vous avez obtenu ce que vous désiriez ? Si vous avez commandé un objet, comme une nouvelle voiture, c'est facile. Mais le temps que vous obteniez ce que vous avez demandé, vous avez peut-être oublié quelle était votre commande.

Le dresseur de singes

Il était une fois un dresseur de singes qui avait deux singes. Chaque jour il les nourrissait de bananes. Mais le prix des bananes augmentait et le dresseur décida de réduire la quantité de bananes. Il leur dit : « Désormais je ne vous donnerai plus chacun que deux bananes au petit déjeuner, une à midi et trois le soir. »

Les singes n'étaient pas contents du tout. Ils se mirent à faire un vacarme impossible et à jeter leurs gamelles. Le dresseur chercha un moyen de les calmer : « Bon, bon, d'accord, dit-il. Ce n'est pas grave. Oubliez ce que j'ai dit. Je vous donnerai une banane le matin, trois à midi et deux le soir. »

Les singes étaient très satisfaits de la nouvelle solution. Ils ramassèrent leurs gamelles et retournèrent tranquillement s'asseoir dans leur cage.

CONTE CHINOIS TRADITIONNEL

Les choses ont-elles changé ?

Beaucoup de gens sont tellement détachés du résultat de leur commande qu'ils ne se rendent même pas compte quand celle-ci a été livrée. Cela peut paraître étrange, mais si vous passez une commande qui concerne le futur lointain, puisque vous évoluez entre-temps dans votre réflexion et votre développement personnel, il se peut que vous ne reconnaissiez pas ou que vous diminuiez l'importance de ce qui se produit. C'est pourquoi il est très important, lorsque vous rédigez votre commande, de bien inclure la preuve finale qui vous permettra de savoir sans l'ombre d'un doute que votre commande est arrivée.

Pour maintenir votre motivation sur plusieurs mois, plusieurs années ou même plusieurs décennies, il est bon de vérifier régulièrement où en sont vos commandes, de vous récompenser et de passer à l'étape suivante. Vous aurez certainement besoin de maintenir votre foi en la réalisation de vos commandes sur une longue période. Vous pouvez bien sûr passer des commandes plus petites et rapides, par exemple un nouvel accessoire pour votre maison.

Mais que faire si vous voulez devenir quelqu'un comme Gandhi ou Nelson Mandela ? Parfois, ce qui vaut vraiment la peine d'être réalisé peut prendre des années et des années. La patience est une qualité qui se développe en cultivant la confiance en soi. C'est ainsi que vous construirez votre sagesse par la même occasion.

Chaque fois qu'une commande vous est livrée, il est important de vous féliciter et de vous récompenser pour son succès, et de reconsidérer tout le chemin parcouru. Cela fait savoir à l'univers que vous appréciez ce que vous avez reçu et que vous êtes ouvert à d'autres bienfaits. Se récompenser et reconnaître ses succès est une excellente façon d'envoyer à l'univers le message suivant : « Continuez ainsi ! Je veux encore plus de choses agréables ! »

En tenant un journal de vos commandes, vous pouvez aussi entretenir votre confiance dans le fait que vos commandes vous seront toujours livrées. Ce journal vous permet de garder des preuves de ce qui fonctionne pour vous. Il deviendra un puissant outil pour vous aider à croire avant que le futur se soit réalisé, parce que vous aurez sous les yeux, noir sur blanc, une longue liste de toutes les fois où ce que vous avez demandé vous est parvenu. Cela vous permettra d'affiner vos commandes et de savoir comment mieux les formuler quand elles ont besoin d'être plus détaillées, quelles sont les commandes qui vous apportent les sentiments que vous désirez, ce que vous allez changer dans le futur, et ce que vous désirez garder tel quel.

Construire sa confiance dans quoi que ce soit de nouveau, une nouvelle relation, une nouvelle habitude, un nouvel emploi, est un processus qui prend du temps. Prenez tout le temps qu'il vous faut et construisez votre confiance dans le processus de commande cosmique. Une bonne relation, qui durera toute la vie, vaut toujours la peine qu'on y investisse de l'énergie.

Est-ce que je peux accidentellement annuler une commande ?

Oui. Si vos pensées sont en contradiction avec votre intention, votre commande cosmique, vous vous concentrerez sur ce que vous ne voulez pas, et vous allez accidentellement annuler votre commande. Souvenez-vous que l'énergie va là où va votre attention. Si 90 % de votre attention sont préoccupés de ce que vous ne voulez pas, et seuls 10 % se préoccupent de ce que vous voulez, l'univers ne peut pas manifester ce que vous lui demandez avec seulement 10 % de votre concentration.

« Soyez fidèle à vos buts et laissez la vie vous porter. Ce qui est précieux est parfois créé lentement. »

LE I-CHING

Votre journal de commandes cosmiques

Copiez cette page autant de fois que nécessaire – plus vous en ferez, mieux ce sera. Notez dans chaque rubrique autant de détails que possible.

Date de la commande

Ce que j'ai commandé

Ce qui m'est parvenu

Date de la livraison

Résumé de l'étape 7

- Oubliez tout attachement quant à la façon dont votre commande vous parvient. Laissez la porte du four fermée. Acceptez ce que l'univers vous indique comme la voie à suivre vers votre commande, y compris l'aide que l'on peut vous apporter, aussi incroyable que cela puisse vous paraître sur le moment.

- Faites comme si. Agissez en conséquence, en gardant à l'esprit que votre commande est déjà en train de se réaliser. Avancez toujours dans la direction de votre commande. De temps en temps vous remarquerez des coïncidences qui vous feront savoir que vous êtes sur la bonne voie. Si une opportunité se présente de façon inattendue et que votre instinct vous dit de la saisir, écoutez-le.

- Utilisez des symboles et des mantras personnels pour entretenir votre concentration.

- Tenez un journal de vos commandes et récompensez-vous lorsqu'une commande vous parvient. Construisez votre confiance.

La formule magique : créez la vie de vos rêves

RÉSUMÉ

« Notre vie est ce que nous en faisons par nos pensées. »
MARC AURÈLE

VOUS SAVEZ désormais qu'une commande cosmique, pour être couronnée de succès, est comme une recette de cuisine : il faut beaucoup d'ingrédients différents pour réussir un plat parfait. Si vous oubliez certains ingrédients, le plat sera presque identique ; en revanche, si vous en oubliez d'autres, il sera raté. Mais si vous suivez la recette pas à pas, vous allez créer le plat que vous aviez en tête dès le départ.

Les ingrédients de la formule magique

- **Comprendre** comment fonctionnent la loi de l'attraction et la magie de la pensée.
- **Imaginer** pour pouvoir visualiser ses rêves.
- **Désirer** les réaliser.
- **Croire** qu'ils se réaliseront.
- **Être** concentré et attentif à ce que l'on veut créer.
- **S'engager** à suivre la voie jusqu'au bout.
- **Pratiquer** le détachement pour ne pas s'attacher au « comment », à la façon dont le résultat sera obtenu.

La recette

Étape 1 : Comprenez comment l'univers fonctionne. Cela est crucial pour pouvoir créer ce que vous désirez dans votre vie

- Souvenez-vous que l'univers opère selon des principes et des règles, comme la loi de l'attraction. L'univers est infiniment abondant et peut toujours vous donner ce que vous désirez. Vous êtes le cocréateur de votre propre réalité et de votre propre futur. Vous les créez par vos pensées et par les sentiments que vous y mettez.

Étape 2 : Décidez ce que vous voulez obtenir

- Identifiez vos rêves. Utilisez votre imagination pour décider ce que vous voulez vraiment, et ne vous préoccupez pas de ce que les autres voudraient vous voir faire. Découvrez votre moi véritable. Créez une image de vous-même au milieu de vos rêves réalisés.
- N'oubliez pas la première règle de la commande cosmique : vous obtiendrez exactement ce que vous avez demandé, faites donc bien attention de demander ce que vous désirez vraiment.
- Soyez vous-même et osez prendre des risques.

Étape 3 : Transformez vos désirs en commandes précises

- Un vœu restera un vœu tant que vous ne vous engagerez pas à l'exaucer, tant que vous ne le transformerez pas en commande que vous vous attendrez à recevoir.

- Afin de transformer un vœu en commande cosmique, il faut respecter certaines règles. Soyez très précis sur ce que vous voulez commander. Plus vous êtes spécifique, plus vous donnez de détails sur ce que vous désirez, plus il sera facile pour l'entrepôt cosmique d'honorer votre commande.
- N'oubliez pas de rédiger votre commande dans un langage positif et personnel. Si les seules choses qui vous viennent à l'esprit sont ce dont vous ne voulez pas, demandez-vous ce que vous désirez à la place de ces choses que vous voulez éviter.
- Vérifiez bien que vous savez pourquoi vous désirez chaque commande que vous rédigez.
- Si vous le souhaitez, vous pouvez préciser une date de livraison pour votre commande. Quand désirez-vous être exaucé ?

Étape 4 : Prenez vos pensées en main

- Ajoutez de la foi à chaque commande. Vérifiez que vos pensées et vos croyances correspondent à votre intention.
- Souvenez-vous que, selon la loi de l'attraction, vos pensées attireront des évènements qui ont la même vibration. Toutes vos pensées concernant cette commande sont-elles bien positives ?
- Êtes-vous bien convaincu qu'il est possible (même si ce n'est pas nécessairement probable) que votre commande vous parvienne ? Plus vous croyez à votre commande, plus vous y investirez de concentration et d'énergie.
- Vérifiez que votre commande soit bonne pour vous, pour tous ceux qui seront affectés par son résultat, et pour le monde en général. Formulez l'intention que votre commande vous parvienne sous une forme qui soit la meilleure pour vous et pour tous ceux qui sont concernés.

Étape 5 : Accédez à votre force intérieure

- Entrez en vous-même. Entraînez-vous à atteindre le niveau alpha de conscience régulièrement. Utilisez cet état de conscience pour vérifier la force de votre désir et de vos sentiments associés à vos commandes cosmiques. Quel est le sentiment que vous désirez ressentir en obtenant votre commande ? Passer du temps dans cet état de transe vous permettra de vous mettre à l'unisson du cosmos et de votre inconscient.
- Entraînez-vous à la visualisation pour augmenter votre capacité à visualiser des expériences spécifiques et détaillées dans votre vie. Plus régulièrement vous visualiserez, mieux vous serez capable de voir l'image finale de vos commandes cosmiques lorsque vous les passerez.

Étape 6 : Passez votre commande

- Vous êtes maintenant prêt à passer commande. Regardez la commande que vous avez écrite : c'est ce que vous désirez créer dans votre vie à présent.
- Pour que votre commande se manifeste, commencez par la fin. Créez un souvenir futur en suscitant l'image finale de ce que vous désirez que l'univers vous donne. Faites cette visualisation dans l'état alpha afin d'augmenter votre force de visualisation.
- Notez bien la preuve, le détail qui vous permettra d'être sûr que vous avez été exaucé. Quel est l'évènement qui doit se produire pour que vous soyez certain que votre commande a été livrée correctement ?
- Maintenant, avant de passer commande, utilisez la respiration rythmée pour vous énergiser et entrer plus facilement

en état alpha. Respirez plus profondément pour que votre corps soit empli d'une énergie nouvelle (voir p.159 pour la méthode de respiration).

- Ensuite, placez-vous dans l'image finale de votre commande cosmique, en association, pour ressentir ce que cela fait, avec vos cinq sens, comme si l'image finale était une réalité ici et maintenant. Voyez, respirez, sentez tous les détails de votre vœu réalisé. Assurez-vous qu'il y ait de forts sentiments positifs associés à l'image finale.
- Maintenant revoyez le film de votre image finale en dissociation (voir « Transformez votre commande en souvenir futur », pp. 169-171).
- Passez votre commande selon le rituel de votre choix. Savoir que maintenant votre commande appartient à votre futur est suffisant. Vous pouvez demander que votre commande vous parvienne à une date spécifique, ou bien au moment le plus approprié selon le cosmos (voir « Six façons de cliquer "Envoi" », pp. 174-177).
- Continuez à respirer avec tout votre corps pour remplir votre intention d'énergie.
- Remerciez l'univers pour avoir déjà réalisé votre commande. Voyez-la déjà présente dans votre futur, comme un souvenir auquel il ne reste plus qu'à se réaliser.

Étape 7 : Laissez l'univers décider du comment

- Détachez-vous de votre commande aussitôt que vous l'avez passée. Soyez convaincu que tout se déroule comme il le faut. Vous n'avez pas besoin de vérifier constamment que votre commande est en traitement. Il suffit d'avoir passé commande une fois.

- Vous décidez quoi, l'univers décide comment.
- Il est bon d'agir. Il est important d'entreprendre ce qui correspond à votre croyance que votre commande vous sera livrée.
- Faites comme si : agissez avec la conviction que votre rêve se réalisera. Laissez-vous accepter tout ce que l'univers vous indique sur le chemin vers votre commande, y compris l'aide que des gens, aussi improbables soient-ils, pourraient vous apporter.
- Utilisez des symboles et des mantras personnels pour entretenir votre concentration en attendant que votre commande vous parvienne.
- Tenez un journal de vos commandes et récompensez-vous quand une commande vous parvient. Construisez votre confiance dans votre propre capacité à créer ce que vous désirez.
- Soyez patient : certaines commandes prennent quelques jours, d'autres, plusieurs décennies.

Améliorez votre vie

Maintenant que vous comprenez pleinement le processus de commande cosmique, vous pouvez utiliser la formule magique tous les jours, toutes les semaines, tous les mois et pour le reste de votre vie.

Si vous désirez réécrire certaines de vos commandes à la lumière ce que vous avez appris, voici quelques nouvelles listes que vous pourrez trouver utiles.

Les listes de ma vie, revues et corrigées : mes commandes cosmiques

Amour et amitié

Ce que je désire : mes commandes cosmiques

Quand je veux l'obtenir

Mon image finale et la preuve qui me permettra de la reconnaître

----

Carrière et emploi

Ce que je désire : mes commandes cosmiques

Quand je veux l'obtenir

Mon image finale et la preuve qui me permettra de la reconnaître

Argent et finances

Ce que je désire : mes commandes cosmiques

Quand je veux l'obtenir

Mon image finale et la preuve qui me permettra de la reconnaître

----

Forme et santé

Ce que je désire : mes commandes cosmiques

Quand je veux l'obtenir

Mon image finale et la preuve qui me permettra de la reconnaître

----

Développement spirituel et personnel

Ce que je désire : mes commandes cosmiques

Quand je veux l'obtenir

Mon image finale et la preuve qui me permettra de la reconnaître

----

Autres domaines de votre vie

Ce que je désire : mes commandes cosmiques

Quand je veux l'obtenir

Mon image finale et la preuve qui me permettra de la reconnaître

----

CONCLUSION

Dégagez un accès permanent à vos rêves

« Les gens se plaignent toujours des circonstances pour justifier ce qu'ils sont. Je ne crois pas aux circonstances. Les gens qui avancent dans ce monde sont ceux qui agissent et cherchent les circonstances favorables, et s'ils ne les trouvent pas, ils les créent. »

GEORGE BERNARD SHAW

Utiliser la commande cosmique

UNE FOIS QUE vous commencerez à utiliser la commande cosmique et que vous voyez ce qu'elle peut apporter dans votre vie, vous serez capable d'étendre son usage à de nombreuses situations différentes. Elle peut vous servir à trouver des solutions à vos problèmes, à rétablir la communication dans des relations difficiles, à créer de nouvelles possessions et à réaliser vos rêves. Les seules limites sont celles de votre imagination.

Rapidement vous verrez que votre vie a plus d'énergie et de vigueur. À chaque commande que vous passez, si vous faites bien attention à passer des commandes à bon escient, la quantité de sentiments positifs dans votre vie augmentera, et la quantité de sentiments négatifs diminuera. Votre vie va prendre un élan que jamais vous n'auriez cru possible.

Imaginez ce qui se passe lorsque vous voyez une boule de neige prendre de l'élan.

Imaginez-vous au milieu d'un paysage enneigé. Vous êtes au sommet d'une montagne ; dans le lointain, vous apercevez une vallée. Pour arriver jusqu'au sommet de cette montagne vous avez dû gravir un sentier caillouteux et difficile, mais vous avez tenu bon parce que vous vouliez vraiment atteindre la vallée, qu'on vous a décrite comme merveilleuse. Vous y voilà : vous pouvez embrasser du regard la vallée à vos pieds, et loin au fond de la vallée vous devinez une magnifique prairie verte, pleine de la promesse d'une vie nouvelle.

Maintenant il vous faut trouver le moyen de descendre de la montagne et d'atteindre le fond de la vallée ; sinon vous devrez faire demi-tour et renoncer à votre rêve. Le chemin qui descend vers la vallée semble aussi long, difficile et raide que celui que vous venez de gravir. Vous pouvez faire demi-tour ou continuer : que faire ?

Mais soudain vous vous rendez compte qu'il importe peu que le chemin soit semé d'embûches. Pour dégager ce sentier, vous avez déjà toutes les ressources dont vous avez besoin, parce que vous pouvez utiliser la neige autour de vous.

Vous vous penchez et ramassez une poignée de neige pour en faire une petite boule. Puis vous ramassez une autre poignée et la boule devient un peu plus grosse, et ainsi de suite. Puis vous la faites rouler sur le sol, et lorsqu'elle a accumulé assez de neige, vous la lancez avec détermination et concentration dans la direction du sentier qui va vers la vallée. En roulant sur la pente, la boule accumule toujours plus de neige et prend de la vitesse. Et voilà qu'à mi-pente la boule est si grosse et si rapide qu'elle provoque une avalanche qui emporte sur son passage tous les obstacles qui vous bloquaient la route.

Voilà le sentier dégagé : vous pouvez descendre tranquillement le long du sentier vers la vallée et ses délices, vers cette vallée que vous aviez rêvé de voir un jour.

Cette conclusion couvre quelques idées supplémentaires sur d'autres façons d'utiliser la commande cosmique dans votre vie. Lorsque vous utiliserez l'un des exercices suivants, vous observerez des résultats très rapidement, en quelques heures ou en quelques jours.

Et parce que vous êtes une personne exceptionnelle, avec toute une avalanche de ressources, vous trouverez probablement encore d'autres moyens d'utiliser la commande cosmique.

Résoudre les problèmes par la commande cosmique

Vous pouvez facilement résoudre les problèmes que vous rencontrez dans tous les domaines grâce à la commande cosmique. Comme toujours, le secret est de se concentrer sur ce que vous voulez, plutôt que sur ce que vous ne voulez pas. Votre image finale, dans le cas d'un problème, sera la solution que vous désirez, et finalement la solution que votre inconscient croit possible.

1. Détendez-vous dans une position confortable. Passez un moment à respirer ou à détendre votre corps, jusqu'à atteindre une transe légère. Vous saurez que vous avez atteint cet état lorsque vous vous sentirez beaucoup plus concentré sur les images qui défilent dans votre tête, et que votre attention se détachera des distractions extérieures pour se tourner vers l'intérieur. Formulez votre intention de trouver une solution au problème qui vous préoccupe en ce moment et demandez que la solution vous soit fournie par le cosmos dans le temps que vous décidez.
2. Commencez par passer en revue tous les détails que vous avez à l'esprit concernant le problème. Visualisez-vous dans la situation qui vous pose problème, en train d'être, de faire ou d'avoir ce problème. Mais afin de garder une certaine distance avec le problème, dissociez, c'est-à-dire imaginez que vous pouvez vous voir dans cette situation comme les spectateurs voient une pièce de théâtre : vous êtes assis au fond de la salle tandis que le problème est représenté sur scène à quelque distance devant vous. Vous pouvez voir tout ce qui se passe, mais les acteurs sur scène sont diminués par la distance.
3. Imaginez maintenant que les lumières s'éteignent et que les personnages principaux quittent la scène. Vous pouvez

même imaginer que les techniciens viennent enlever les décors afin que la scène soit totalement vide.

4. Changez de place dans le théâtre. Cette fois vous vous rapprochez un peu de façon à mieux voir ce qui se passe dans l'acte suivant. Cet acte aura un dénouement beaucoup plus heureux. Vous pouvez aussi changer de perspective. Si vous étiez assis au milieu d'une rangée de sièges, pourquoi ne pas vous mettre sur le côté ? Si vous étiez sur le côté gauche, mettez-vous sur le côté droit. Si vous étiez sur le côté droit, mettez-vous à gauche. Vous pouvez même vous asseoir au premier rang, car vous méritez bien le siège le plus cher, n'est-ce pas ?
5. Regardez maintenant la scène se remplir. Vous vous apercevez au milieu de la scène. Mais cette fois le problème a été résolu. C'est une scène de joie et de bonheur. Vous êtes le personnage principal et de bonnes choses vous arrivent. Les feux de la rampe peuvent augmenter peu à peu en intensité, ou bien être allumés à fond dès le départ. Le problème qui vous préoccupait a disparu et a été remplacé par sa solution. Faites confiance à votre inconscient qui vous mettra en contact avec le cosmos et qui vous donnera la solution.
6. Vous pouvez imaginer la solution en lui associant une date précise, ou bien vous pouvez aussi demander au cosmos de vous faire parvenir la solution le plus tôt possible et pour le mieux possible.
7. Passez quelques minutes à imaginer la solution présente dans votre vie et à la voir se dérouler sous vos yeux. Demandez à votre intuition s'il y a des choses à ajouter à l'image finale de façon à obtenir encore plus de sentiments positifs. Vous pouvez formuler l'intention que la solution

vous parvienne de cette façon ou de quelque autre façon que le cosmos jugera meilleure.

8. Pour finir, n'oubliez pas de remercier le cosmos par avance pour la livraison de votre commande.

Résoudre les conflits

Lorsque vous êtes en conflit avec quelqu'un et que vous n'arrivez pas à communiquer efficacement, la technique suivante peut vous être utile pour demander au cosmos de vous faire parvenir une commande sous la forme d'une meilleure compréhension, communication, ou d'une relation meilleure de façon générale.

1. Détendez-vous dans une position confortable. Passez un moment à pratiquer la respiration rythmée ou à détendre votre corps jusqu'à atteindre un état de transe alpha. Au moment où vous entrez en transe, vous sentirez que votre mental conscient a ralenti et vous serez capable de vous concentrer entièrement sur une seule idée.
2. Demandez à votre inconscient d'amener à votre esprit la situation et la personne qui vous posent des difficultés. Imaginez la personne devant vous pendant que vous examinez la situation.
3. Effacez les images et demandez à l'univers ce que vous désirez : une meilleure compréhension, une nouvelle façon de communiquer, ou tout simplement une issue heureuse au conflit qui vous oppose à l'autre personne.
4. Visualisez maintenant une nouvelle scène : ce que vous désirez à la place du conflit. Visualisez-vous côte à côte. Visualisez un lien qui relie son cœur au vôtre. Laissez votre inconscient vous suggérer les mots et les sentiments positifs qui remplaceront le conflit. Observez bien les sensa-

tions que vous percevez, ce que vous voyez, entendez, sentez. Que dites-vous à la personne qui permet de résoudre le conflit ? Que vous dit-elle qui permet de résoudre le conflit ?

5. Soyez assuré que l'univers peut vous faire parvenir tout ce que vous visualisez.
6. Remerciez l'univers à l'avance pour la livraison de votre commande.
7. Attendez-vous à l'inattendu. Il se peut que la personne vous téléphone, ou que, la prochaine fois que vous vous verrez, l'ambiance ait complètement changé.

Chasser l'anxiété

Cette troisième méthode vous aidera à chasser l'anxiété. Vous pouvez aussi adapter cette technique à toutes les situations où vous ressentez une émotion négative et où vous souhaitez avoir plus de sentiments positifs.

1. Détendez-vous dans une position confortable jusqu'à atteindre le niveau alpha. Respirez profondément et sentez la détente qui envahit votre corps et votre mental.
2. Vous allez évoquer, pour quelques instants seulement, la situation qui vous angoisse, comme si c'était un film. En regardant ce film, assurez-vous de vous voir à l'écran, en dissociation.
3. Effacez l'image en prenant conscience du fait que c'est la dernière fois que vous avez à vivre cette situation dans cet état d'anxiété.
4. Maintenant, en communiquant pleinement avec votre inconscient, vous allez penser à une nouvelle situation heureuse, une fois l'anxiété disparue. Cela peut être une

heure après que l'anxiété a été résolue, un jour ou une semaine. Faites confiance à votre inconscient qui vous fournira la solution idéale en temps et heure.

5. Visualisez l'image en association : vous allez vivre la situation et ressentir les sentiments liés, voir et entendre comme si vous étiez au cœur de l'expérience, comme si vous voyiez la situation de vos propres yeux. Depuis cette perspective, vous pouvez si vous le voulez repenser à l'ancienne situation où vous vous sentiez anxieux et voir ce que vous avez fait pour résoudre ce problème. Vous pouvez aussi tout simplement savourer la nouvelle situation, et ressentir tous les sentiments positifs qui vous viennent, tout en sachant que ces émotions agréables vont continuer à être présentes dans votre vie désormais.
6. Remerciez l'univers à l'avance pour la livraison de votre commande cosmique.

Prendre une décision

Vous pouvez utiliser un processus similaire à la technique précédente si vous devez prendre une décision, que vous ne savez pas comment vous décider et que vous voulez demander à votre inconscient de passer une commande qui vous donnera le meilleur résultat possible.

1. Détendez-vous pour atteindre le niveau alpha (par exemple le soir avant de vous endormir). Prenez tout le temps qu'il vous faut.
2. Présentez à l'esprit le problème et les deux solutions. Imaginez que vous pouvez les voir comme deux chemins qui vous mènent dans deux directions différentes vers deux futurs différents.

3. Imaginez maintenant prendre le premier sentier. Où vous mène-t-il ? Comment vous sentez-vous ?
4. Prenez ensuite le deuxième sentier. Où vous mène-t-il ? Comment vous sentez-vous ?
5. Demandez à votre inconscient s'il existe un troisième chemin auquel vous n'auriez pas pensé. Notez sa réponse.
6. Maintenant videz votre esprit. Imaginez un écran blanc devant vous.
7. Demandez à votre inconscient de se mettre à l'unisson de l'univers et de vous suggérer la solution et la décision qui sont les meilleures pour vous en ce moment. Il se peut que vous voyiez une image ou que vous ressentiez une émotion.
8. Demandez à l'univers d'effacer les autres possibilités de votre vie.
9. Remerciez l'univers à l'avance de ce que la décision sera prise pour vous dans les trois jours qui suivent.
10. Observez bien les évènements qui se produisent. Faites attention aux coïncidences. Saisissez les opportunités qui vous semblent être les bonnes.
11. Si en trois jours aucun résultat satisfaisant ne se présente, répétez l'exercice.

Utilisez ces techniques régulièrement tout en continuant à passer vos commandes d'après vos listes et vous remarquerez rapidement des améliorations étonnantes dans votre vie.

Tracez les contours du reste de votre vie

POURQUOI ne pas passer des commandes pour le reste de votre vie ? Plus votre commande est loin dans le temps, moins vous y serez attaché. La plupart des gens passent des commandes trop petites avec une date de livraison trop proche. Penser à ce que sera votre futur lointain vous permettra de pousser votre imagination de façon à véritablement créer le destin que vous désirez sans censurer vos rêves de quelque façon que ce soit.

1. Avant de commencer cet exercice, détendez-vous. Méditez ou respirez pendant un moment afin de faciliter votre connexion au cosmos. Souvenez-vous que plus souvent vous entrez en contact avec votre sagesse intérieure et avec le sentiment de ce que vous désirez, plus efficace sera votre commande.
2. Imaginez votre futur qui se déploie devant vous comme une ligne chronologique. Imaginez que vous pouvez vous élever au-dessus de votre futur et survoler chaque décennie pour pouvoir l'embrasser du regard et observer quels sont les souvenirs qui y sont déjà. Quelle perception avez-vous de votre futur aujourd'hui ? Combien de décennies pouvez-vous voir dans le futur ?
3. Si vous n'arrivez pas à voir aussi loin que vous le voudriez, imaginez simplement que la ligne chronologique s'allonge et s'étend plus loin. Jusqu'où voulez-vous aller ? Quatre-vingt-dix ans ? Cent ans ? Cent vingt ans ?
4. Revenez à l'époque présente et ramenez avec vous tous vos souvenirs futurs.

5. Maintenant, imaginez simplement que vous pouvez avoir tout ce que vous voulez pour le reste de votre vie. Qu'est-ce qui rendrait chaque décennie parfaite ? Quels sont les sentiments que vous voulez éprouver ? Les choses que vous voulez posséder ? Que voulez-vous être et faire ?
6. Notez les pensées qui vous viennent.
7. Maintenant, divisez vos idées selon les différents domaines de votre vie (voir p. 244). Quelles sont les choses que vous voudriez demander et qui pourraient donner 10 sur 10 à chaque décennie en termes de satisfaction ?
8. Formulez maintenant vos intentions pour le reste de votre vie. Pour chacune, vérifiez :
   - Avez-vous une image claire et précise de ce que vous voulez, avec vos cinq sens ? Que voulez-vous ressentir ? À quoi ressemble ce que vous désirez ?
   - Comment saurez-vous que vous avez reçu ce que vous désiriez ? Quelle est la preuve dans votre image finale qui, lorsque vous l'aurez, vous rappellera que vous venez juste de recevoir la livraison ?
   - Notez chacun de vos désirs (voir p. 244). Décrivez chaque image avec autant de détails que possible. Assurez-vous que vous pouvez vraiment ressentir à quoi cela ressemblera quand vous l'aurez.
   - Rappelez-vous de ne pas vous limiter en quelque façon que ce soit. Si la feuille n'est pas assez grande, faites la vôtre. Vous pouvez passer autant de commandes que vous le voulez.
9. Maintenant respirez profondément, en rythme. Sur l'inspiration, remplissez tout votre corps d'un sentiment de joie et de lumière. Sentez que votre souffle remplit votre corps de l'intention que ces désirs soient réalisés dans l'ordre que

vous leur avez attribué. Demandez qu'ils soient réalisés de façon à être pour votre plus grand bien et pour le bien de ceux qui sont concernés.

10. Envoyez vos commandes de la façon que vous préférez (voir « Cliquez sur "Envoi" », pp. 173-177). Vous pouvez envoyer chaque commande séparément ou les passer toutes en même temps.
11. Envoyez-vous vous-même votre récépissé de commande. Remerciez l'univers à l'avance pour avoir accepté et être déjà en train de traiter vos commandes. Oubliez tout attachement.
12. Pourquoi ne pas passer une commande pour chaque décennie ou année de votre futur, et rendre chaque moment de votre futur mémorable ?

Domaine de ma vie

Date

Âge

Ce que je désire

Mon image finale (à quoi ressemble ce que je désire ? quels sont les sentiments qui y sont associés ?), avec la preuve qui me permettra de savoir que ma commande a été livrée

« Chaque roi descend d'une race d'esclaves, et parmi les ancêtres de chaque esclave se trouve un roi. »

PLATON

Achevé d'imprimer en novembre 2008
sur les presses de la Nouvelle Imprimerie Laballery
58500 Clamecy
Dépôt légal : novembre 2008
Numéro d'impression : 810292

Imprimé en France

La Nouvelle Imprimerie Laballery est titulaire de la marque Imprim'Vert®